Veronika Müller

Liköre und Schnäpse

selbst gemacht

Geistvolle Getränke aus Beeren, Früchten und Kräutern – zum Genießen und Verschenken.

GU

Gräfe und Unzer

Umschlag-Vorderseite
Der »Eierlikör mit Whisky« (vorne) kann direkt nach der Zubereitung genossen werden, während der »Likör von Waldhimbeeren« (mitte) erst nach einer gewissen Reifezeit sein volles Aroma erhält. Rezepte Seite 49 und 29.

2. Umschlagseite
Der »Hagebuttenlikör» ist vielseitig verwendbar. Rezept Seite 31.

3. Umschlagseite
Für »Holunderelixier« benötigt man nicht nur die Blüten, sondern auch die Beeren des Holunders. Rezept Seite 32.

Umschlag-Rückseite von links oben nach rechts unten: Vanillelikör, Johannisbeer-Schnaps, Minzlikör, Nelkenlikör, Quittenlikör, Ebereschenlikör; Rezepte Seite 20, 40, 19, 24, 33, 33

CIP-Kurztitelaufnahme der Deutschen Bibliothek

Müller, Veronika:

Liköre und Schnäpse selbst gemacht: geistvolle Getränke aus Beeren, Früchten u. Kräutern - zum Genießen u. Verschenken / Veronika Müller. - 3. Aufl. - München: Gräfe und Unzer, 1990. (GU-Küchen-Ratgeber)

ISBN 3-7742-3642-9

3. Auflage 1990

Redaktion: Elisabeth Döpp
Herstellung: Robert Gigler
Farbfotos: Fotostudio Teubner
Zeichnungen: Gerlind Bruhn
Umschlaggestaltung: Heinz Kraxenberger
Satz und Druck: Appl, Wemding
Bindung: R. Oldenbourg

ISBN 3-7742-3642-9

Veronika Müller,

geboren in Sachsen, wuchs in Niedersachsen auf und schloß den Besuch der Frauenfachschule mit dem Staatsexamen in Hauswirtschaft ab. Es folgten Fachabitur in Bremen und zweijährige Volontärszeit an einer Kieler Tageszeitung. Dann arbeitete sie als Redakteurin für verschiedene Zeitschriften und Pressedienste. 1971 wurde sie Foodjournalistin und freie Mitarbeiterin bei »Menü«, wo ihre Begeisterung für Kochen, Essen und Trinken auf besonders fruchtbaren Boden fiel. Heute schreibt sie für verschiedene Verlage und Agenturen zum Thema Kochen.

Die erfolgreiche Kochbuchautorin lebte viele Jahre in Bayern und ist heute mit ihrer Familie im Badischen zu Hause.

Wichtiger Hinweis und Warnung

Alkohol ist ein Genußmittel, aber auch eine gefährliche Droge. Wenn Sie die Liköre und Schnäpse dieses Buches ohne Reue genießen wollen, lesen Sie bitte unbedingt zunächst das Kapitel »Vom richtigen Umgang mit Alkohol« auf Seite 9. Und bedenken Sie, daß jeder Mensch auf Alkohol individuell reagiert. Vor allem aber: Alkohol ist in keiner Form ein Getränk für Kinder und Jugendliche!

Autofahrer müssen beachten, daß die Alkoholwirkung über viele Stunden anhalten kann, also auch noch in den nächsten Tag hinein.

Sie finden in diesem Buch

Ein Wort zuvor

Selbstgemachte Liköre und Schnäpse sind nicht nur besondere Köstlichkeiten aus der eigenen Küche, auch ihre Zubereitung macht Spaß. Für mich hat es immer einen eigenen Reiz, die Würzzutaten für den Ansatz in die bauchige Flasche zu geben und mit dem jeweiligen Alkohol aufzugießen. Vergnügen bereitet dann natürlich erst recht die Kostprobe nach der oft langen Reifezeit. Der individuell hergestellte Likör ist ganz einfach außergewöhnlich, weil es ihn nirgends zu kaufen gibt und weil er ausgezeichnet schmeckt. Man hat für seine Gäste, seine Freunde und seine Familie stets eine exquisite Spezialität im Hause und immer ein willkommenes Geschenk, mit dem man andere beglücken kann. Etwas Selbstgemachtes ist immer etwas Besonderes und setzt, weil selten, sozusagen ein Glanzlicht auf den Speisezettel. Was alltäglich wird, verliert an Reiz. Und so ist es eben auch mit Likören. Sie sollen kleine Höhepunkte sein, ein feines Menü stilgerecht abschließen, beim gemütlichen Nachmittagskaffee zusätzlich eine kleine kulinarische Freude machen. Auch aus gesundheitlichen Gründen empfehlen dies die Ernährungswissenschaftler und Mediziner; denn Alkohol ist nur so lange wohltuend in seiner Wirkung, als er in zuträglichen Portionen genossen wird, jedes zuviel ist von Übel. Ansonsten regen vor allem die auf Kräutern oder Gewürzen basierenden »Drinks« nach einem großen Schlemmeressen den trägen Verdauungsapparat an und aktivieren die Magensäfte.

Viele der in diesem Buch vorgestellten Liköre gehören bei mir seit langem zum festen hauseigenen Repertoire. Einige Rezepte habe ich im Laufe der Zeit geschmacklich immer wieder neu gestaltet. Ich hoffe, daß Sie mit all diesen feinen Kreationen viel Freude haben werden. Insgesamt sind so viele Informationen vorhanden, daß sie viele weitere Experimente möglich machen. Kreativ sein können Sie nach Herzenslust; ich liefere Ihnen sozusagen nur das Grundmuster. Fügen Sie Ihr Lieblingsgewürz hinzu oder lassen Sie dort ein Kräutlein weg, das Ihnen nicht so behagt.

Weitere Variationsmöglichkeiten ergeben sich dadurch, daß Sie statt beispielsweise Erdbeeren, die ich »vorschlage«, Himbeeren oder Brombeeren verwenden, daß Sie Mirabellen durch Reineclauden ersetzen und statt Orangen Zitronen oder Limetten nehmen können. Auch bei den Blütenlikören sind Änderungen möglich. So wird aus dem Rosenlikör ein Veilchen- oder Lavendellikör.

Die Rezepte sind so detailliert abgefaßt, daß sie einfach und problemlos nachvollziehbar sind. Damit Sie mit einem Blick sehen können, wie lange es dauert, bis Sie Ihren frisch angesetzten Likör genießen können, finden Sie die Reifezeit gesondert angegeben. Viele praktische Tips und klare Schritt-für-Schritt-Aufnahmen einzelner Arbeitsgänge sollen zum guten Gelingen beitragen. Die brillanten Farbfotos zeigen die köstlichen Endergebnisse.

Außer einigen auf Eigelb oder Sahne basierenden »Tropfen« benötigen sie übrigens alle eine mehr oder weniger lange Reifezeit. Aber diese Geduld wird belohnt!

Und so wünsche ich Ihnen viel Spaß bei der Zubereitung und ganz besonders beim späteren Genuß »Ihres« Likörs.

Ihre Veronika Müller

Wichtiges über Liköre und Schnäpse

Selbstgemachte geistvolle Getränke gehören für mich zu den Spezialitäten, von denen ich gerne mehrere im Hause habe. Schon die Zubereitung macht mir viel Spaß. Über die Geräte braucht man sich eigentlich nicht viele Gedanken zu machen. Die meisten davon sind in jedem Durchschnittshaushalt vorhanden. Wichtig ist vor allem, daß Sie viel Geduld mitbringen; denn sind erst einmal die Würzzutaten in der Flasche und der Ansatz fertiggestellt, beginnt die unerläßliche Reifezeit, in der Sie das Ganze an einem ruhigen Plätzchen sich selbst überlassen müssen.

Notwendige Geräte

In der nachfolgenden Übersicht finden Sie die Geräte aufgeführt, die Sie für die Likörzubereitung benötigen. Schließlich hängt das gute Gelingen davon ab, daß im entscheidenden Augenblick das richtige Zubehör zur Hand ist:
Ein hölzener **Stampfer** oder ein **Handrührgerät** mit Passierstab, um Ansätze zu bearbeiten, von denen man auch zermustes Fruchtfleisch mit im Endprodukt haben möchte.
Ein **Mulltuch,** um das **Haarsieb** damit auszukleiden. Sehr gut geeignet ist eine neue Mullwindel, die man aber unbedingt vor dem ersten und nach jedem weiteren Gebrauch auskochen sollte.
Ein **Stieltopf,** um darin Zuckersirup zu bereiten.
Ein **Haarsieb,** um den Liköransatz abzuseihen. Das Sieb sollte aus Plastik sein, weil Metall unter Umständen das zarte Aroma verändern kann.
Ein **Kaffeefilter** oder **Trichter** und **Filterpapier** für Liköre, die nach dem ersten Durchseihen besonders klar sein sollen.
Dickbauchige Flaschen mit möglichst breitem Hals, in denen der Likör reifen soll. Ich bevorzuge übrigens Chianti-Flaschen und jene weithalsigen Flaschen, in denen man bestimmte italienische oder kalifornische Weine kaufen kann. Durch den weiten Hals kann man auch große Fruchtstücke in die Flasche geben. Für diese Flaschen kann man in Haushaltswaren- oder in Bastelgeschäften besonders große Korken erstehen. Man bindet sie zusätzlich noch mit einem Tuch zu. Sehr gut eignen sich auch große 2-5 l fassende Einmachgläser mit Deckel, die mittels Metallringen am Glas befestigt und mit Kippverschlüssen versehen sind.

Meßbecher in verschiedenen Größen sind bei der Herstellung von geistvollen Getränken unentbehrliche Küchenhelfer.

Kleinere Flaschen oder **Karaffen** für die Aufbewahrung der fertigen Liköre. Ich persönlich nehme am liebsten Bierflaschen mit Kippverschluß, die seit einiger Zeit wieder erhältlich sind.
Waage und **Litermaß** sollten stets in greifbarer Nähe stehen.

Alkohol und verwendete Schnäpse

Wie bei den Geräten die Sauberkeit so ist bei den verwendeten Alkoholika erstklassige Qualität das oberste Gebot. Hierzulande gibt es besonders im Süden viele kleine Brennereien oder Bauernhöfe mit Brennrechten. Wenn man deren Produkte kennt und mag, kann man sie getrost

verwenden. Wer auf den Handel angewiesen ist, sollte sich nicht durch Billigangebote vorschnell zu einem Kauf verleiten lassen. Ein »fuseliger« Schnaps zerstört so manches feine Beeren- oder Gewürzaroma. Bei eingeführten Markenprodukten geht man dagegen kein Risiko ein.
Die nachfolgende Aufstellung gibt Ihnen einen Überblick über die Alkoholika, die für die Herstellung eigener Liköre besonders geeignet sind.

Alkohol (Äthylalkohol, Weingeist): In den Rezepten wird häufig reiner Alkohol (96 Vol.-%) verwendet. Er ist in reiner Form nicht genießbar, sondern erst in der Verarbeitung. Für Liköre verwendet man ihn dann ausschließlich, wenn der Alkohol keinen Eigengeschmack haben soll. Man kombiniert ihn mit anderen Alkoholika, um deren Geschmack – etwa von Cognac oder Whisky – abzudämpfen, so daß er beim Endprodukt nur leicht durchscheint. Erhältlich ist Alkohol für Liköre in Fachdrogerien, die über die Abgabe genau Buch führen müssen (wie übrigens auch die Apotheken, die ihn ausschließlich zu medizinischen Zwecken verwenden dürfen). Den Preis diktiert die Bundesmonopolgesellschaft.
Branntwein: Bei diesem Gemisch von aus Destillation gewonnenem Alkohol und Wasser können sowohl Obst als auch Getreide, Kartoffeln oder Traubensaft Alkoholgrundprodukt sein.
Bockbier (Starkbier): Das untergärige, alkoholreiche Bier mit über 16% Stammwürze und etwa 5,5% Alkohol wird für Bierlikör verwendet.
Cognac: Der französische Qualitätsbranntwein, der ausschließlich aus den Weinen des genau umgrenzten Gebietes Charentre hergestellt werden darf, eignet sich wegen seines milden Geschmacks besonders gut zur Herstellung eigener Liköre.
Himbeergeist: Viele Beerenfrüchte eignen sich aus Zuckermangel nicht dazu, als Maische angesetzt zu werden, und sie würden beim Vergären auch zu viele ihrer wertvollen Aromastoffe verlieren. Darum setzt man sie mit reinem Alkohol an und destilliert sie in meist nur einem Brennvorgang. So auch den Himbeergeist, dessen Grundlage die aromatischen Waldhimbeeren sind. Für Liköre sollte man ihn nur in Zusammenhang mit Früchten, am besten aromatischen Beeren, verwenden.
Kirschwasser: Kirschwasser gehört für Kenner zu den besten Edelbränden. Die berühmtesten deutschen »Wässer« kommen aus dem Schwarzwald (die Bezeichnung »Schwarzwälder Kirschwasser« ist geschützt). Kirschwasser sollte man möglichst nur in Kombination mit Früchten, etwa mit Kirschen, für Liköre verwenden.
Kornbranntwein: Er wird auch nur schlicht »Korn« genannt und ausschließlich aus Getreidekorn (Roggen, Weizen, Buchweizen, Hafer oder Gerste) gebrannt. Die Bezeichnungen Edelkorn, Doppelkorn oder die Endsilben -brand beziehungsweise -brannt sind nur bei Produkten aus Deutschland und Österreich anzutreffen. Bei der Likörzubereitung kann Korn sowohl für Fruchtliköre als auch für Gewürzliköre verwendet werden.
Marillenbranntwein: Marille ist das österreichische Wort für Aprikose. Und von dort kommen auch die besten Marillenbrände. Für den selbstgemachten Marillenlikör läßt er sich gut mit Wodka kombinieren.
Obstler (Obstbranntwein): Wegen seines leichten Fuselgeschmacks wird dieser Branntwein gern mit stark würzigen Zutaten kombiniert.
Rum: Dieser aus Zuckerrohr, Zuckerrohrsaft, Zuckerrohrmelasse und Rückständen der Rohrzuckerherstellung vergorene und destillierte Trinkbranntwein hat seine Heimat auf den Inseln der Karibik. Seine dunkle Farbe und sein spezielles Aroma bekommt Rum durch die Lagerung in alten Sherryfässern. Meist wird er aus seinen Erzeugerländern mit einem Alkoholgehalt von 70–80 Vol.-% exportiert und in den Verbraucherländern auf die gewünschte Trinkstärke (zwischen 38 und 55 Vol.-%) herabgesetzt. Rum

läßt sich vor allem mit kräftigen Gewürzen zu Likören kombinieren. - Weißer Rum hat ein besonders feines Aroma und einen leichten Geschmack, weshalb er sich besonders gut für die Herstellung von Fruchtlikören eignet.
Topinambur: Dieser auch Tombi genannte klare Schnaps wird - vor allem in Baden - aus der Wurzelknolle einer Sonnenblumenart gebrannt. Im Geschmack ist er etwas streng und erinnert an Enzian. Viele Kleinbrenner geben ihn nicht nur pur ab, sondern »veredeln« ihn mit kräftigen Gewürzen zu Bittern.
Tresterschnaps: Korrekt müßte es Tresterbranntwein heißen. Trester ist der Preßrückstand von Trauben und Obst. Tresterschnaps wird jedoch nur aus Traubentrester gewonnen. Die bekanntesten unter ihnen sind der italienische Grappa und der französische Marc. Viele deutsche Großkellereien brennen ebenfalls Trester und verkaufen ihn. Für Likör eignet er sich gut in Verbindung mit Gewürzen, Trauben und Kernobst.
Weinbrand: Der Oberbegriff für alle Branntweine, die ausschließlich aus Wein gebrannt werden, ist Weinbrand. Auch Cognac ist ein Weinbrand, jedoch mit geschütztem Namen. Die Qualität des Weinbrands hängt in erster Linie von dem Grundprodukt ab. Um gute Weinbrände zu bekommen, was für die Likörbereitung sehr wichtig ist, sollte man nur Markenprodukte kaufen. Billigangebote können das zarte Likörаroma negativ beeinflussen.
Wermutwein: Diese kurz Wermut genannten Aperitifweine aus Italien und Frankreich sind relativ hochprozentig (16-18 Vol.-%). Ihren typischen Geschmack bekommen sie durch Auszüge aus dem Wermutkraut.
Whisky: Hierzulande am beliebtesten ist der, sich durch leichten Rauchgeschmack auszeichnende, schottische Whisky. Aus den USA stammt der bekannte Bourbon Whiskey. In Irland, das besonders weichen Whisky produziert, ist auch die Schreibweise Whiskey üblich. Whisky verträgt sich sehr gut mit Zitrusfrüchten.
Williamsgeist: Dieser Branntwein aus der aromatischen Williamsbirne wird vorwiegend aus Italien und der Schweiz nach Deutschland eingeführt und hier zu diesem Edelbrand verarbeitet. Für Liköre ist er vor allem in Kombination mit Edelobst geeignet.
Wodka: Die Rohstoffe für hochqualifizierten Wodka sind Roggen und Gerste, manchmal wird auch etwas Weizen beigefügt. Weniger guter Wodka wird aus Kartoffeln gebrannt. Grundsätzlich wird aber durch spezielle Verfahren ein möglichst reiner Sprit gezogen, der dann auf Trinkstärke zwischen 40 und 55 Vol.-% herabgesetzt wird und sich durch möglichst absolute Geschmacksneutralität auszeichnet. Dadurch kann er für die Likörbereitung beliebig eingesetzt werden. Er kann auch - allerdings dann in größerer Menge - den reinen Alkohol ersetzen.

Besondere Zutaten und Aromen

Bei vielen der in diesem Buch vorgestellten Likören finden Sie Gewürze und Kräuter, die Sie nicht immer im Lebensmittelhandel kaufen können. Sie bekommen sie aber ganz sicher in Fachdrogerien und zum Teil auch in der Apotheke. Das gilt beispielsweise für getrocknete Walnußblätter, Engelwurz (Angelika), getrocknete Johannisbeeren, Ingwerwurzel oder Kalmuswurzel. Auch so ungewöhnliche Kräuter wie Wermutkraut und Weinraute sind nur selten beim »Gemüsehändler um die Ecke« erhältlich. Wer Glück hat, kennt eine Kräuterfrau auf dem Markt oder einen Gärtnereibetrieb, der sich mit Kräutern befaßt. Ich ziehe mir diese Kräuter selber im Blumentopf auf der Fensterbank. Getrocknet bekommen Sie die Kräuter in der Fachdrogerie oder Apotheke. Dann müssen Sie die angegebenen Mengen jedoch etwa um die Hälfte

reduzieren, da getrocknete Kräuter in der Regel viel intensiver im Aroma sind als frische.
In einigen Rezepten wird destilliertes Wasser als Alternative zu Leitungswasser empfohlen. Dabei geht es nur um die Geschmacksneutralität! Als Trinkwasser ist es denkbar ungeeignet. Destilliertem Wasser sind alle Mineralstoffe entzogen. Es kann dem Körper nicht die lebensnotwendigen Mineralien und Spurenelemente zuführen. Davon abgesehen schmeckt es langweilig und ist sehr teuer.
Hin und wieder ist für die Likörzubereitung Zuckersirup notwendig, dann zum Beispiel, wenn der Alkoholgehalt des Ansatzes so hoch ist, daß normaler Kristallzucker sich nicht lösen würde. Um Zuckersirup herzustellen, verwenden Sie am besten einen Stieltopf, denn anfangs müssen Sie häufig umrühren. Dabei läßt sich ein Stieltopf besser anfassen als ein normaler Topf mit Henkeln. Je länger Sie einen Zuckersirup einkochen lassen, desto mehr Wasser verdunstet und der Sirup wird dicker. Die Konsistenz des Sirups hat Auswirkungen auf den Geschmack des Likörs.

Von der Maische zum Schnaps

Auch wenn Ihr Obstgarten Sie alljährlich überreich mit Früchten verwöhnt, wenn die Regale in Keller und Speisekammer vor Konfitüren und Eingemachtem fast brechen und die Tiefkühltruhe überquillt: Schnapsbrennen ist nur bedingt eine Alternative.
Denn brennen darf nur, wer ein Brennrecht besitzt. Neue Brennrechte werden an Kleinbrenner so gut wie nicht mehr vergeben. Dem Zoll unterliegt die Überwachung und kein Kleinbrenner darf das ihm zugestandene Höchstkontingent an brennfähiger Maische überschreiten. Die meisten Brennrechte solcher Bauern oder Gastwirte sind ererbt und können etwa beim Verkauf des Hofes oder der Gastwirtschaft nicht übertragen oder vom Verkäufer mitgenommen werden. Anders ist es bei Brennrechten für kommerzielle Schnapsbrenner, die sogenannten Verschlußbrennereien. Im Gegensatz zum Kleinbrenner, der seine Maische zu einem günstigeren Satz versteuern kann, unterliegt bei den Verschlußbrennern der Weingeist der Steuer mit einem höheren Steuersatz. Der kommerzielle Brenner kann demnach in unbegrenzter Menge brennen, es ist nur eben teurer.
Wenn Sie auch nicht »Ihren eigenen« Schnaps brennen können, so ist es für Sie doch möglich, Ihre Maische selbst herzustellen und sie dann an einen Brenner weiterzugeben. Wenn die Menge jedoch nicht ausreicht, um einen ganzen Kessel zu füllen, wird der Brenner Ihre Maische - vorausgesetzt es handelt sich um das gleiche Grundprodukt - stets mit seiner mischen, so daß im Endeffekt das gleiche Produkt herauskommt, das Sie ohnehin bei ihm kaufen könnten. Brennt er aber hochwertigere Produkte, wie zum Beispiel Kirschen oder Zwetschgen, Sie haben aber nur Äpfel oder Birnen zu bieten, wird er Ihre Maische ablehnen oder das Endprodukt mit einem so hohen Preis belegen, daß seine Verluste wieder ausgeglichen werden.
Am besten erkundigen Sie sich, ehe Sie Maische ansetzen, wer Sie Ihnen abnimmt und wie hoch der Endpreis sein wird. Auskunft geben Kleinbrennervereine, deren Adresse Sie im Branchenverzeichnis finden, die zuständige Zollbehörde oder auch Großbrennereien, die Sie ebenfalls im Branchenbuch finden. Für einen guten »hausgemachten« Branntwein eignen sich fast alle heimischen Obstsorten wie Äpfel, Birnen, Pfirsiche, Mirabellen, Aprikosen, Kirschen, Zwetschgen und Reineclauden. Außerdem alle Beerensorten wie auch Hagebutten.
Die Früchte werden stark zerkleinert, wozu man am besten eine Obstmühle oder einen »Muser« verwendet, den es im Fachgeschäft gibt. Bei

Steinobst ist jedoch darauf zu achten, daß dabei die Steine nicht verletzt werden, da ihr weicher Innenkern Blausäure enthält. Beeren müssen – je nach Sorte – entkelcht oder von den Rispen gestreift werden, um Fremdaromen zu verhindern. Die Masse wird dann in einen Bottich mit festem Deckel gefüllt. Für den »Hausgebrauch« reicht ein 100-Liter-Gefäß aus Kunststoff. In den Dekkel steckt man ein Gärrohr oder eine Gärglocke, durch die das sich bildende Gas entweichen kann. Der Bottich wird stets nur etwa zu Zweidrittel gefüllt, damit die Maische beim Gären genügend Raum hat, um sich auszudehnen. Bestimmte Gärhilfen sind erlaubt. Genaue Informationen darüber liefern Ihnen Fachdrogerien, die mit Brennmaterialien handeln dürfen. Nicht erlaubt ist der Zusatz von Zucker, der den Alkoholgehalt hochtreiben würde. Da beim Kleinbrenner schon der Zuckergehalt der Maische mit der Mostwaage gemessen wird, weiß der Zoll ganz genau, wie hoch die Ausbeute an reinem Weingeist sein wird. Ein Verstoß wird strafrechtlich geahndet. Den Bottich mit der Maische stellt man nun für mehrere Wochen oder gar Monate an einen warmen Ort (jedoch nicht über Zimmertemperatur). Der Gärvorgang ist beendet, wenn sich alle Fruchtstücke verflüssigt haben. Dann kann man die Maische zum Brenner geben. Dort wird sie destilliert und oft bis zu dreimal gebrannt, bis sie einen reinen Geschmack und ein volles Aroma hat.
Um einen wirklich erstklassigen Schnaps zu bekommen, für den man ja nicht nur Steuern, sondern auch Brennlohn bezahlen muß, sollte man nur erstklassige Früchte vermaischen. Sie dürfen zwar schrundig und aufgeplatzt, niemals aber mit Faulstellen behaftet sein. Auch gibt es unterschiedliche Ernteergebnisse: In einem Jahr sind die Früchte sehr süß und versprechen hohen Alkoholgehalt, im nächsten Jahr kann das Obst durch Witterungseinflüsse zuckerarm und säurereich sein, also wenig Alkohol bringen. Dann wird der »eigene« Brand zu teuer.

Vom richtigen Umgang mit Alkohol

Alkohol gehört in die Kategorie der Genußmittel; er kann belebend und anregend wirken, sollte aber nur in Maßen genossen werden! Zu häufig und zu reichlich konsumiert, kann er zum Gift werden, das zur Sucht und zu schweren körperlichen Schäden führt. Wieviel Alkohol der Einzelne verträgt, ist individuell verschieden. Die körperliche und seelische Verfassung spielt dabei ebenso eine Rolle wie Alter und Körpergewicht. Als Faustregel gehen die Ärzte davon aus, daß eine gesunde Leber innerhalb von 24 Stunden 160 g reinen Alkohol abbauen kann. Bei regelmäßigem Alkoholkonsum besteht eine Gefährdung der Gesundheit schon bei 60 g pro Tag – und auch das nur bei Männern. Bei den zierlicher gebauten Frauen liegt die Grenze etwa bei 20 g: Nicht des Geschlechtes wegen, sondern weil Frauen meist ein geringeres Körpergewicht, eine geringere Blutmenge und einen anderen Stoffwechsel haben. Wie aber kann man den Alkoholgehalt eines Getränkes bestimmen? Bei Hochprozentigem und einigen Importweinen ist er auf den Etiketten vermerkt. Dann ist die Sache einfach: 1 Vol.-% Alkohol entspricht 8 g reinem Alkohol. 1 l Cognac mit 40 Vol.-% Alkoholgehalt enthält also 320 g reinen Alkohol. Mit jedem 0,2 Glas nimmt man 6,4 g reinen Alkohol zu sich. Bei hausgemachten Likören haben wir ein besonderes Problem; denn eine exakte Alkoholmenge läßt sich nicht bestimmen. Hier kann man nur vernüftiges Konsumverhalten üben – nach dem Motto: »Ein Gläschen in Ehren, kann niemand verwehren«. Grundsätzlich sollten alkoholische Getränke »genossen«, nicht »gekippt« werden.
Zum Schluß sei noch einmal darauf hingewiesen: Auch wenn Liköre süß schmecken – für Kinder und Jugendliche müssen sie Tabu sein.

Bitter und pikant herbe Tropfen

Bei herben, geistvollen Getränken denken die meisten Menschen an jene Produkte, die bei Magenkneifen und anderen Beschwerden im Verdauungstrakt helfen sollen. Und sie greifen nach einem ausgedehnten Schlemmeressen gerne nach solch einem charaktervollen Tropfen. Doch erinnert ein fertig gekaufter Bitter oft eher an Medizin als an einen »guten Schluck«. Das hauseigene Wässerchen aber kann man so zusammensetzen, daß das Endergebnis der Zunge außerordentlich behagt – der wohltuenden Wirkung auf den Magen kann man dennoch gewiß sein. Man muß also nur ein wenig Mut zum Experimentieren haben. Die hier vorgestellten Rezepte sollen Anregung zum Ausprobieren und Variieren sein.

Anislikör

Das Originalrezept für diesen Likör fand ich in einem alten ungarischen Kochbuch. Es sah allerdings ausschließlich Anis vor. Ich habe es ein wenig verfeinert; die magenstärkende Wirkung des Likörs hat sich dadurch nicht verändert.

40 g Anissamen · 5 g Korianderkörner · 5 g Gewürznelken · ½ l Wodka · ⅒ l Alkohol (96 Vol.-%) · 4 Blättchen frische Pfefferminze · ½ l Wasser · 400 g Zucker

- Reifezeit: 11 Tage
- Haltbarkeit: 6 Monate

So wird's gemacht: Die Anissamen, die Korianderkörner und die Gewürznelken im Mörser zerstoßen. Die Gewürze in eine möglichst bauchige Flasche geben und mit dem Wodka und dem Alkohol übergießen. • Gut verschlossen 8 Tage an einem warmen, sonnigen Ort durchziehen lassen. Dabei einmal täglich kräftig durchschütteln. Nach den ersten 3 Tagen die Pfefferminzblättchen waschen, trockentupfen und in den Sud geben. • Nach der Reifezeit ein Sieb mit einem Mulltuch auskleiden und den Gewürzauszug abseihen. Das Wasser mit dem Zucker unter Rühren aufkochen lassen, dann 5 Minuten bei schwacher Hitze nur eben köcheln lassen, aber nicht mehr rühren. Den Zuckersirup abkühlen lassen und mit dem Gewürzauszug vermischen. • In gut schließende Flaschen abfüllen und vor dem ersten Genuß mindestens 4 Tage stehenlassen. Der Likör kann bei Zimmertemperatur aufbewahrt werden, sollte aber nicht dem Sonnenlicht ausgesetzt sein.

Serviervorschlag: Der Likör schmeckt besonders gut nach einem ausgiebigen Essen.

Variante: Wer den Likör bitter möchte, gibt zusammen mit den Pfefferminzblättchen 4–5 getrocknete Hopfenblüten dazu.

Gewürzwässerchen nach H. Benz

H. Benz ist ein badischer Landschaftsgärtner, der über fast jede Pflanze, die wir nur allzu rasch als »schädliches« Unkraut schnöde aus dem Boden reißen, etwas Positives hinsichtlich ihrer heilsamen Wirkung zu sagen weiß. Er schwört auf dieses »Wässerchen«, das er gerne als Digestiv empfiehlt – sowohl vor als auch nach ausgiebigen Mahlzeiten. Die benötigten getrockneten Früchte bekommen Sie in einer Fachdrogerie; den Topinambur, einen aus der Topinamburknolle gebrannten, meist hochprozentigen Schnaps, müssen Sie sich schon aus dem Schwarzwald mitbringen.

6 Stück Sternanis · je 1 Teel. Anis- und Fenchelsamen · 2 Teel. Korianderkörner ·

10 Gewürznelken · je 2 Eßl. getrocknete schwarze Johannisbeeren, Heidelbeeren und Himbeeren · 2–3 grüne Walnüsse (im Juli gepflückt) · 200 g brauner Zucker · 2 l Topinambur oder Obstbranntwein (Obstler); ersatzweise guter Kornbranntwein

- Reifezeit: 1 Monat
- Haltbarkeit: 8 Monate

So wird's gemacht: Die Gewürze in einem großen Mörser zerstoßen oder kurz in der Küchenmaschine mahlen und zusammen mit den getrockneten Beeren in eine große, bauchige Flasche füllen. • Die Nüsse mit einem sauberen Tuch gründlich abreiben, mit einem Holzstäbchen jeweils mindestens 8mal einstechen und in die Flasche geben. Den Zucker über die Würzzutaten streuen und alles mit dem Schnaps auffüllen. • Die Flasche gut verkorken oder mit einem Stück Leinen fest zubinden und über das Tuch ein mehrfach gefaltetes Stück Alufolie drücken. Die Flasche an einen warmen Ort, aber nicht in die pralle Sonne stellen und den Likör 1 Monat reifen lassen. • Den Likör durch ein mit einem Mulltuch ausgelegtes Sieb in eine Flasche abseihen. Er kann bei Zimmertemperatur aufbewahrt werden, sollte aber nicht zu hell stehen.

Serviervorschlag: Der Likör hilft bei nervösem Magen und tut nach einem reichen Schlemmeressen gut.

Tombi-Bitter

»Tombi« oder »Topi« nennt man in meiner Wahlheimat Baden mancherorts den aus der Topinamburknolle gewonnenen klaren Schnaps, der auch unter dem etwas uncharmanten Begriff »Roßler« im Handel ist. Außerhalb Badens und teilweise sogar im Norden des »Ländle« ist er so gut wie unbekannt. Wer aber den Schwarzwald besucht, sollte ihn unbedingt einmal kosten. Er schmeckt zwar rauh und scharf, ist aber ausgesprochen magenfreundlich. Viele Bauern haben hierzulande noch ein Brennrecht und stellen ihn selber her oder »veredeln« ihn sogar auf ähnliche Weise wie der unten beschriebene, dessen Rezept ich von einer Bäuerin aus dem eher für sein Kirschwasser berühmten Renchtal habe.

50 g brauner Kandiszucker · je 1 Zweig frische Pfefferminze, Zitronenmelisse, Wermutkraut und Weinraute · 1 unbehandelte Zitrone · 1 unbehandelte Orange · 2 Stück Sternanis · ½ Teel. Kardamomkapseln · 8 Korianderkörner · 1 l Topinambur; ersatzweise Wodka oder Kornbranntwein

- Reifezeit: 3–4 Wochen
- Haltbarkeit: mindestens 1 Jahr

So wird's gemacht: Großen Kandiszucker zwischen zwei Blätter Pergamentpapier oder in einen Gefrierbeutel geben und mit dem Hammer grob zerkleinern. Die Kräuter waschen, trockentupfen und die Blätter von den Stielen zupfen. Die Zitrone und die Orange heiß waschen und gründlich abtrocknen. Je ¼ der Frucht so dick schälen, daß etwas von der weißen Innenschicht an der Schale bleibt. (Das Fruchtfleisch anderweitig verwenden.) Die Zitronen- und Orangenschalenstücke feinwürfeln. Alles zusammen mit den Gewürzen in eine bauchige Flasche füllen und mit dem Topinambur aufgießen. • Die Flasche verschließen und 3–4 Wochen an einem sonnigen Platz, am besten auf dem Fensterbrett ziehen lassen; dabei hin und wieder gründlich schütteln. • Den Likör durch einen Kaffeefilter gießen und in beliebige Flaschen füllen. Bei Zimmertemperatur aufbewahren.

Serviervorschlag: Tombi-Bitter schmeckt vor allem nach einem guten rustikalen Essen.

Würziger Rum

Von einer Urlaubsreise auf die dänische Insel Bornholm brachte meine Schwester die Grundmischung für diesen Likör mit. Durch häufiges Ausprobieren hat er die hier vorgestellte geschmacklich abgerundete Form bekommen.

je 1 unbehandelte Orange und Zitrone · je 50 g ungeschwefelte gedörrte Aprikosen, Birnenschnitze und Apfelringe · 8 Gewürznelken · 6 Pimentkörner · 8 Korianderkörner · ½ Zimtstange · 1 l Rum (54 Vol.-%)

- Zeit zum Trocknen: 24 Stunden
- Reifezeit: 2–4 Monate
- Haltbarkeit: unbegrenzt

So wird's gemacht: Die Orange und die Zitrone heiß waschen, gründlich abtrocknen und so dick schälen, daß etwas von der weißen Innenschicht an den Schalen bleibt. • Die Schalen feinwürfeln, auf Pergamentpapier oder Alufolie ausbreiten und 24 Stunden lang bei Zimmertemperatur trocknen lassen. (Das Fruchtfleisch anderweitig verwenden.) • Am nächsten Tag das Dörrobst ebenfalls feinwürfeln und zusammen mit den Schalen und den Gewürzen in eine große, bauchige Flasche füllen. • Den Rum angießen und die Flasche gut verschließen. Den Rum an einem dunklen Ort mindestens 2, höchstens 4 Monate ziehen lassen. • Den Rum vorsichtig abgießen, durch einen Kaffeefilter abseihen und in beliebige Flaschen oder Karaffen füllen.

Serviervorschlag: Leute mit starkem Magen können den Rum (nur in kleinsten Mengen) pur als Magenbitter trinken. Ansonsten eignet er sich ganz hervorragend zur geschmacklichen Verfeinerung von Tee, exotischen Mixdrinks und zum Marinieren von frischen Früchten wie Ananas, Kiwis oder Süßkirschen.

Mein Tip Der Grundansatz kann noch ein zweites Mal verwendet werden, dann jedoch nur ½ l Rum angießen und 4 Monate stehenlassen. Oder man entnimmt vom ersten Ansatz nur so viel Rum, wie man gerade benötigt und gießt die entnommene Menge wieder auf. Allerdings sollte der Rum dann spätestens nach 6 Monaten abgegossen werden.

Pußtatrunk

5 g Sternanis · 10 g Muskatblüte · ½ Zimtstange · 6 Gewürznelken · 25 g Wacholderbeeren · ½ Vanilleschote · 1 Stück (10 g) frische Ingwerwurzel · 25 g getrocknete Heidelbeeren · 25 g getrocknete Walnußblätter (selbst gesammelt) · 1 Handvoll (10 g) frische Pfefferminzblätter; ersatzweise 1 Eßl. getrocknete Blätter · 10 Kardamonkapseln · 1 Eßl. Anissamen · 200 g Mentholbonbons · 1½ l Wodka oder guter Kornbranntwein

- Reifezeit: 8–10 Tage
- Haltbarkeit: 6 Monate

So wird's gemacht: Den Sternanis, die Muskatblüte, die Zimtstange, die Gewürznelken und die Wacholderbeeren im Mörser grob zerstoßen. Die Vanilleschote aufschlitzen, das Mark herausschaben und die Schote kleinschneiden. Die Ingwerwurzel schälen und in feine Scheiben schneiden. Alles zusammen mit den Heidelbeeren und den Walnußblättern in eine bauchige Flasche geben. Die frische Minze abbrausen, trockentupfen und grobhacken (getrocknete etwas zerbröseln). Die Kardamomkapseln öffnen. Die Minze und die Kardamomkapseln mit den Anissamen in die Flasche geben. Die Mentholbonbons in einen Gefrierbeutel geben und mit einem Nudelholz oder einem Fleischklopfer sehr fein zerstoßen. Die Bonbons in die Flasche geben und alles mit dem Wodka oder dem Branntwein auffüllen. • Die Flasche gut verschließen und die Mischung 8–10 Tage an einem hellen Platz, aber nicht direkt im Sonnenlicht ziehen lassen. Hin und wieder rütteln. • Den Likör durch einen Kaffeefilter gießen und in beliebige Flaschen füllen. Bei Zimmertemperatur aufbewahren.

Serviervorschlag: den Likör als Aperitif oder als Verdauungsschnäpschen reichen.

Variante: Wenn Sie das Glück haben, frische Schlehen zu bekommen, verwenden Sie 100 g Früchte statt der getrockneten Heidelbeeren. Die gewaschenen Früchte mehrmals mit einem Holzstäbchen einstechen.

Bitterlikör mit Tee

1 Zimtstange · 6 Gewürznelken · 6 Pimentkörner · 10 schwarze Pfefferkörner · 10 Kardamomkapseln · 1 Eßl. aromatische schwarze Teeblätter (Assam-Tee) · ½ Muskatnuß · ½ l Cognac oder Weinbrand · ½ l Wasser · 250 g Zucker

- Reifezeit: 8–10 Tage
- Haltbarkeit: 4–5 Monate

So wird's gemacht: Die Zimtstange brechen. Die Gewürznelken, die Piment- und Pfefferkörner im Mörser grob zerstoßen. Die Kardamomkapseln öffnen und die Körner zusammen mit den vorbereiteten Gewürzen und dem Tee in eine bauchige Flasche geben. Die Muskatnuß darüberreiben. Mit dem Cognac oder Weinbrand aufgießen. • Die Flasche gut verschließen und die Mischung 8–10 Tage an einem hellen Platz, aber nicht direkt in der Sonne ziehen lassen. • Den Likör durch einen Kaffeefilter abseihen. Das Wasser und den Zucker zusammen aufkochen und etwas abkühlen lassen. Mit dem Sud vermischen und in beliebige Flaschen füllen. Den Likör dunkel aufbewahren.

Serviervorschlag: Dieser Likör eignet sich gut als Verdauungsschnäpschen oder mit heißem Wasser gemischt als Punsch.

Ein-Dutzend-Bitter

1 unbehandelte Orange · ½ Muskatnuß · 1 Stück (3 cm) getrocknete Ingwerwurzel · je 5 g Kardamomsamen, Sternanis, Anissamen, geraspeltes Süßholz, Muskatblüte (grob zerkleinert), Zimtstange, Gewürznelken, Korianderkörner und Fenchelsamen · ¼ l Alkohol (96 Vol.-%) · ¼ l Wermut · 150 g Blütenhonig · ½ l Wasser

- Zeit zum Trocknen: 2 Tage
- Reifezeit: 2 Wochen
- Haltbarkeit: 6 Monate

So wird's gemacht: Die Orange heiß waschen, gründlich abtrocknen und hauchdünn schälen. Die Schale 2 Tage zum Trocknen an einen luftigen Ort hängen. • Die Muskatnuß im Mörser grob zerstoßen, die Ingwerwurzel grob zerkleinern. Die Orangenschale in kleine Stücke brechen. Alles mit den übrigen Gewürzen in eine bauchige Flasche füllen und mit dem Alkohol und dem Wermut übergießen. • Die Flasche gut verschließen und 2 Wochen an einen warmen, sonnigen Platz stellen. Täglich einmal kräftig schütteln. • Den Honig mit dem Wasser in einen Topf geben und langsam erwärmen. Dabei rühren, bis sich Honig und Wasser ganz vermischt haben. Den Gewürzauszug durch ein mit einem Mulltuch ausgekleidetes Sieb gießen und mit dem Honigwasser vermischen. Den Likör in beliebige Flaschen oder Karaffen füllen und kühl und dunkel, aber nicht im Kühlschrank aufbewahren.

Serviervorschlag: den Likör nach einem ausgiebigen Essen reichen.

Variante: Die Gewürzmischung kann man auch mit 1 l Kirschwasser ansetzen. Dann aber auf Honig und Wasser verzichten und den Likör vor dem Abseihen 2 Monate ziehen lassen.

Artischockenlikör

Bild Seite 17

Seinen leicht bitteren Geschmack bekommt dieser Likör durch die frische Artischocke, die auch dazu beiträgt, daß der »Tropfen« besonders magenfreundlich ist.

1 kleine junge Artischocke · 1 unbehandelte Orange · 1 unbehandelte Zitrone · 10 Kamillenblüten (frisch oder getrocknet) · 10 Pfefferminzblätter (frisch oder getrocknet) · 6 kleine Salbeiblätter (frisch oder getrocknet) · 6 Gewürznelken · ½ Teel. Anissamen · ¼ Zimtstange · ¼ l Alkohol (96 Vol.-%) · 150 g Zucker · 1–2 Eßl. Wasser · 1 Flasche (0,7 l) weißer Wermut

- Reifezeit: 2½ Monate
- Haltbarkeit: 8 Monate

So wird's gemacht: Die Artischocke entstielen, vierteln und das Heu entfernen. Die Viertel gut waschen und abtropfen lassen. Die Orange und die Zitrone heiß waschen, gründlich abtrocknen. Von der Orange die ganze, von der Zitrone die halbe Frucht schälen. Dabei die Schalen so dick abschneiden, daß etwas von der weißen Innenschicht an den Schalen bleibt. Die Schalen grob hacken. (Das Fruchtfleisch anderweitig verwenden.) Frische Kamillenblüten, Pfefferminz- und Salbeiblätter abbrausen und trockentupfen. Die Artischocke, die Schalen, die Blüten und Kräuter zusammen mit den Gewürzen in ein Glas mit Schraubdeckel füllen und den Alkohol angießen. • Das Glas gut verschließen und 1 Woche an einen warmen, sonnigen Ort stellen. • Die Mischung dann in ein größeres Glas umfüllen. Den Zucker mit dem Wasser in einem Topf vermischen und bei nicht zu starker Hitze auflösen, dann mit dem Wermut vermischen und über den Ansatz gießen. • Das Glas wiederum verschließen und die Mischung 1 weitere Woche bei Zimmertemperatur ziehen lassen. Das Glas einmal täglich schwenken. • Den Likör durch ein mit einem Mulltuch ausgelegtes Sieb gießen und in gut schließende Flaschen umfüllen. Vor dem ersten Genuß noch mindestens 2 Monate bei Zimmertemperatur durchziehen lassen.

Serviervorschlag: Den Likör vor oder nach dem Essen pur oder »on the rocks« genießen.

Variante: Der Zitrusgeschmack wird milder, wenn Sie die Zitronenschale durch 10 frische Zitronenmelisseblättchen ersetzen.

Liköre mit Kräutern und Gewürzen

Wer pikant schmeckende, originelle Liköre liebt, kommt in diesem Kapitel auf seine Kosten. Das Aromatisieren mit Kräutern und Gewürzen hat eine lange Tradition, und viele der Rezepte gehen auf alte Vorlagen zurück. Wenn Ihnen der eine oder andere Likör zu scharf, zu würzig oder zu parfümiert erscheint, dann verändern Sie getrost die angegebenen Mischungen nach eigenem Gusto. Sie können ohne weiteres hier etwas hinzufügen, dort etwas weglassen oder die Mengenverhältnisse verändern. Ich gebe Ihnen bei den Likören entsprechende Hinweise oder zeige Variationsmöglichkeiten auf.

Curaçao hausgemacht

Der erste und »echte« Curaçao wurde auf der seinerzeit zu den Niederlanden gehörenden Antillen-Insel Curaçao aus den Schalen von Pomeranzen »gebraut«. Abgesehen davon, daß Pomeranzen – eine Bitterorangenart – als frische Früchte ziemlich scheußlich schmecken, sind sie auch bei uns nicht erhältlich. Wir müssen für diesen Likör darum Orangenschalen verwenden.

6 unbehandelte Orangen · ½ Vanilleschote · ¼ Zimtstange · 1 Teel. Korianderkörner · ⅛ l Alkohol (96 Vol.-%) · ½ l Rum (54 Vol.-%) · 500 g Zucker · ½ l Wasser

- Reifezeit: 3–4 Wochen
- Haltbarkeit: 6 Monate

So wird's gemacht: Die Orangen heiß waschen und abtrocknen. Die Früchte schälen, so daß noch etwas von der weißen Innenschicht an der Schale bleibt. Die Orangenschalen feinwürfeln. Die Vanilleschote aufschlitzen und das Mark ausschaben. (Das Fruchtfleisch der Orangen und die Schote anderweitig verwenden.) Die Orangenschalen und das Vanillemark zusammen mit dem Zimt und den Korianderkörnern in eine bauchige Flasche geben. Den Alkohol und den Rum angießen und die Flasche gut verschließen. • Den Ansatz an einem sonnigen, warmen Platz 3–4 Wochen durchziehen lassen. • Den Zucker und das Wasser vermischen, unter Rühren bei starker Hitze aufkochen lassen und dann ohne zu rühren noch 5 Minuten leise köcheln lassen. Den Zuckersirup abkühlen lassen. Den Ansatz durch ein mit einem Mulltuch ausgekleidetes Sieb gießen, mit dem Zuckersirup vermischen und in beliebige Flaschen füllen. Bei Zimmertemperatur, aber nicht in der Sonne aufbewahren.

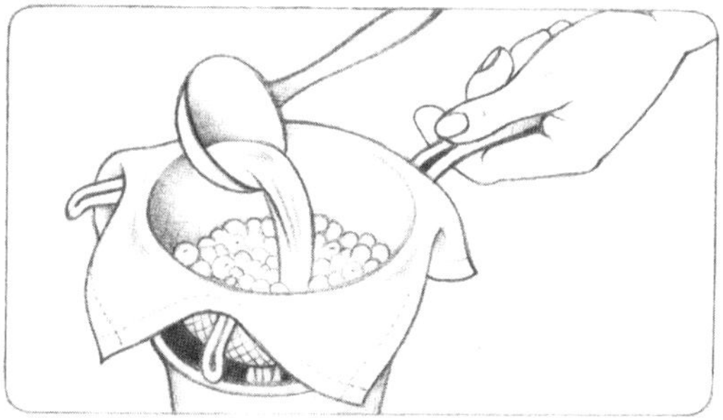

Liköre werden nach der Reifezeit in der Regel durch ein Sieb abgeseiht, das zuvor mit einem sauberen Mulltuch ausgekleidet worden ist.

Serviervorschlag: über Eiswürfel als Aperitif oder solo als Verdauungsschnaps reichen.

Variante: Den Rum durch Kornbranntwein und die Gewürze durch 1 Eßlöffel Anissamen ersetzen.

Chartreuse-Liqueur

Rund 130 Kräuter sind neben Eau-de-vie de vin Basis für den echten, im Kloster »La Grande Chartreuse« bei Grenoble gebrauten Chartreuse, der im Jahre 1757 zum erstenmal in der auch heute noch üblichen Mischung kredenzt wurde. So kompliziert ist dieser nach einem etwa 80 Jahre alten Rezept gebraute »Liqueur« natürlich nicht; doch ist er sehr wohlschmeckend.

Je 2 Zweige frische Pfefferminze und Zitronenmelisse · 1 unbehandelte Zitrone · 5 g getrocknete Angelikawurzel · 5 g Anissamen · 10 Stück Sternanis · 1 g Korianderkörner · 1 g Kreuzkümmelsamen · 3 Briefe (von je 0,1 g) gemahlener Safran · 2 l Tresterschnaps · 200 ml Alkohol (96 Vol.-%) · 2 l Wasser · 1 kg Zucker

- Reifezeit: 18 Tage
- Haltbarkeit: 8 Wochen

So wird's gemacht: Die Kräuter abbrausen und trockentupfen. Die Blätter von den Stielen zupfen und grobhacken. Die Zitrone heiß waschen, gründlich abtrocknen und dünn schälen. Die Schale quer in feine Streifchen schneiden. Die Angelikawurzel, den Anis, den Sternanis, die Korianderkörner, den Kreuzkümmel und den Safran zusammen mit den vorbereiteten Zutaten in eine weite Flasche geben und mit dem Tresterschnaps und dem Alkohol aufgießen. • Die Flasche gut verschließen und 10 Tage lang an einem warmen, möglichst sonnigen Ort durchziehen lassen; dabei mehrmals kräftig schütteln. • Das Wasser und den Zucker unter Rühren bei starker Hitze aufkochen lassen. Die Hitze reduzieren und die Mischung in etwa 20 Minuten um ⅓ einkochen. Dabei mit einem Küchenpinsel immer wieder die sich am Rand bildenden Kristalle entfernen. Den so entstandenen Sirup erkalten lassen. Ein Sieb mit einem Mulltuch auskleiden und den Gewürzauszug abseihen. Das Ganze mit dem Sirup vermischen und in beliebige Flaschen füllen. • Die Flaschen gut verschließen und vor dem ersten Genuß den Likör bei Zimmertemperatur 8 Tage stehenlassen.

Serviervorschlag: den Likör nach einem verschwenderischen Essen mit Festtagsbraten reichen.

Variante: Geben Sie an frischen Kräutern nur Zitronenmelisse und zusätzlich noch die Schale von ½ unbehandelten Orange an den Likör.

Mein Tip Statt Tresterschnaps, wie man hierzulande einen aus Traubenkernen gewonnenen Schnaps nennt, können Sie auch italienischen Grappa oder französischen Marc verwenden, die ebenfalls auf Traubenkernen basieren. Etwas ganz Besonderes ist ein Weinhefebrand, wie ihn hierzulande viele Kellereien in hervorragender Qualität herstellen.

Aus Artischocken lassen sich nicht nur köstliche Gemüsegerichte, sondern auch edle Liköre herstellen. Die Zubereitung erfordert einige Sorgfalt: Die Artischocke wird geviertelt und vom »Heu« befreit. Die Orangen- und Zitronenscheiben werden kleingeschnitten. Beides kommt zusammen mit der Artischocke und den Würzzutaten in ein Glas. Man gießt mit Alkohol auf und läßt den Ansatz 1 Woche stehen. Danach wird ein Zuckersirup zubereitet und mit Wermut aufgegossen. Nachdem der Ansatz nun um diese Mischung bereichert erneut gut durchgezogen hat, wird der Likör durch ein mit einem Mulltuch ausgelegtes Sieb gegeben und in Flaschen gefüllt. Man serviert ihn pur oder »on the rocks«. Rezept Seite 14. ▷

Minzlikör

Bild nebenstehend

Vor einigen Jahren war unser Garten noch eine Wildnis, in der sich so manches Kräutlein tummelte. Inzwischen ist der Garten verhältnismäßig kultiviert. Aber die echte, besonders aromatische Pfefferminze wuchert nach wie vor fröhlich vor sich hin und »endet« nicht selten als Likör.

20 kräftige Zweige Pfefferminze · 10 Zweige Zitronenmelisse · 10 Korianderkörner · 5 Gewürznelken · 500 g weißer Kandiszucker · 2 l klarer Obstbranntwein (am besten nur von Äpfeln oder von Äpfeln und Birnen gemischt)

- Reifezeit: 6–9 Wochen
- Haltbarkeit: 1 Jahr

Sowird's gemacht: Die Pfefferminz- und Zitronenmelissenzweige gründlich abspülen und trokkentupfen. Die Blättchen dann von den Stengeln zupfen. Die Korianderkörner und die Gewürznelken im Mörser grob zerstoßen. Den Kandiszucker zwischen zwei Blätter Pergamentpapier legen oder in einen Gefrierbeutel geben und mit einem Hammer zerkleinern. Den Zucker, die Kräuter und die Gewürze lagenweise in eine große, bauchige Flasche füllen und über Nacht stehenlassen. • Dann erst den Obstbranntwein dazugießen und die Flasche gut verschließen. Den Likör an einem hellen, aber nicht zu sonnigen Platz mindestens 6, besser aber 9 Wochen reifen lassen. Dabei hin und wieder rütteln, damit sich der Zucker auflösen kann. • Ein Sieb mit einem Mulltuch auskleiden und den Likör abseihen. In kleine Flaschen oder Karaffen füllen und gut verschlossen dunkel aufbewahren.

Serviervorschlag: Mit trockenem Sekt oder Weißwein aufgefüllt schmeckt der Minzlikör als Aperitif und Longdrink. Als Verdauungsschnäpschen reicht man ihn pur oder auf Eiswürfeln.

◁ Die Zubereitung für diesen würzigen Verdauungsschnaps macht Spaß: Lagenweise werden frische Kräuter, duftende Gewürze und Zucker in eine große, bauchige Flasche geschichtet, bevor man mit Branntwein aufgießt. Während der Reifezeit bekommt es dem »Minzlikör« gut, wenn er hin und wieder in der Flasche gerüttelt wird. Rezept auf dieser Seite.

Brauner Bär

200 g Kakaopulver · 2 Eßl. Zimtpulver · 1 Teel. Nelkenpulver · 1 Teel. gemahlener Kardamom · ½ Teel. gemahlene Muskatblüte · ½ Vanilleschote · 1 Flasche (0,7 l) Wodka oder Weinbrand · 500 g Zucker · ½ l Wasser

- Reifezeit: 8–10 Tage
- Haltbarkeit: 3–4 Monate

So wird's gemacht: Das Kakao-, Zimt- und Nelkenpulver sowie den Kardamom und die Muskatblüte in eine bauchige Flasche geben. Die Vanilleschote aufschlitzen; das Mark ausschaben und dazufügen. (Die Vanilleschote anderweitig verwenden). Den Cognac oder Weinbrand angießen. • Die Flasche gut verschließen und den Ansatz 8–10 Tage an einem dunklen Ort, aber nicht im Keller oder im Kühlschrank durchziehen lassen. • Den Zucker mit dem Wasser in einem Topf mischen, unter Rühren bei starker Hitze aufkochen lassen und dann ohne zu Rühren noch 5 Minuten leise köcheln lassen. Den Ansatz durch einen Kaffeefilter gießen und mit dem Zuckersirup vermischen. In beliebige Flaschen oder Karaffen füllen und bei Zimmertemperatur aufbewahren.

Serviervorschlag: den Likör zu Kaffee oder Mokka reichen.

Variante: Der Likör wird etwas pikanter, wenn man 1 Eßlöffel Zimt durch 1 Teelöffel gemahlenen Piment ersetzt.

Vanillelikör für Mixer

Bild Umschlag-Rückseite links oben

Dieser Vanillelikör ist nur für Leute mit »abgehärteten« Zungen und Gaumen als Sologetränk geeignet. Besser verwendet man ihn als Bestandteil von Mixdrinks, denen er ein unvergleichliches Aroma verleiht. Vanillelikör ist nur selten im Handel zu haben, darum lohnt sich die Eigenherstellung für Mixer – oder man verschenkt ihn an nette Leute, die gerne mit dem Shaker ungewöhnliche Drinks kreieren.

3 Vanilleschoten · 200 g Zucker · ¼ l Wasser · ⅛ l Alkohol (96 Vol.-%) · ¼ l sehr guter Weinbrand oder Cognac

- Reifezeit: 1 Woche
- Haltbarkeit: ½–1 Jahr

So wird's gemacht: Die Vanilleschoten längs aufschlitzen und das Mark herausschaben. Die Schoten, das Mark, den Zucker und das Wasser in einem Topf offen 15 Minuten leise köcheln lassen, dabei nicht umrühren. Die Vanilleschoten herausnehmen und den Sud sofort durch einen Filter gießen. Den Sud fast ganz erkalten lassen, dann mit dem Alkohol und dem Weinbrand oder Cognac mischen. • Den Likör in eine bauchige Flasche gießen, gut verschließen und vor dem ersten Genuß etwa 1 Woche kühl und dunkel aufbewahren. Bleibt er weiterhin kühl und dunkel gelagert, hält sich sein Aroma gut 1 Jahr, stellt man ihn in die offene Bar, sollte er innerhalb von 6 Monaten verbraucht werden.

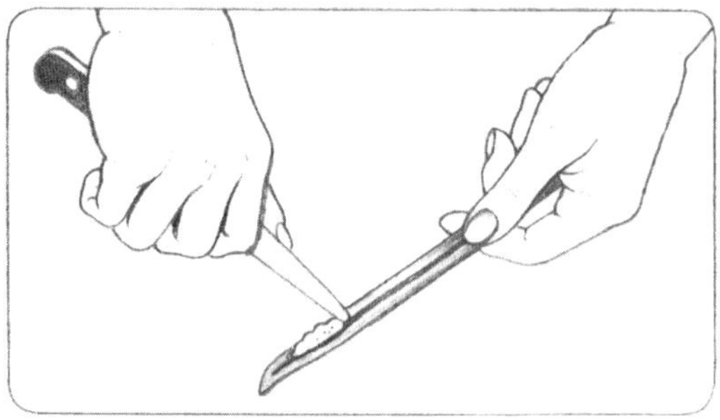

Die Vanilleschote wird bei der Likörzubereitung häufig verwendet. Man schlitzt sie meist längs auf und schabt das Mark heraus.

Serviervorschlag: Als Longdrink 1 Teil Vanillelikör mit 1 Teil Curaçao blue mischen und mit trockenem Sekt auffüllen. Man kann auch 2 Kugeln Vanilleeiscreme in ein hohes Becherglas geben, 2 cl Vanillelikör darübergießen und mit trockenem Sekt auffüllen und dies als Dessert nach einem festlichen Menü servieren.

Mein Tip Will man den Likör verschenken, füllt man ihn in eine dekorative Karaffe und gibt 1 längs halbierte Vanilleschote hinein; dadurch wird im Laufe der Zeit das Aroma intensiviert.

Vanillelikör

In dem aus einem alten Wiener Kochbuch stammenden Originalrezept wird der Likör mit flüssiger »Cochenille«, das heute unter der Bezeichnung Karminsäure oder echtes Karmin als Lebensmittelfarbstoff dient, schön rot gefärbt. Für häusliche Zwecke aber eignet sich meines Erachtens Zuckercouleur aus Karamel besser.

2 Vanilleschoten · 750 g Zucker · ¾ l Wasser · ½ l Cognac oder Weinbrand · ¼ l Alkohol (96 Vol.-%)

- Reifezeit: 1 Woche
- Haltbarkeit: 4 Monate

So wird's gemacht: Die Vanilleschoten aufschlitzen und das Mark herausschaben. Die Schoten und das Mark mit 700 g Zucker und dem Wasser in einem weiten Topf unter Rühren bei starker Hitze aufkochen kassen. Die Hitze reduzieren und die Mischung in etwa 20 Minuten zu einem Sirup kochen; dabei nicht mehr rühren. Die sich bildenden Kristalle mit einem Küchenpinsel immer wieder vom Topfrand entfernen. Zur Probe ½ Teelöffel Zuckersirup in ein Schälchen mit Eiswasser gießen: Bildet sich eine Kugel, ist der Sirup richtig. Die Vanilleschoten entfernen. Den Sirup etwa auf Handwärme (36°) abkühlen lassen. • In der Zwischenzeit den restlichen Zucker in einem Stieltopf bei nicht zu starker Hitze goldgelb karamelisieren lassen; vom Herd nehmen und unter Rühren den Sirup zugießen, damit der Karamel sich auflöst. • Sobald die Mischung auf Handwärme (etwa 36°) abgekühlt ist, mit dem Cognac oder Weinbrand und dem Alkohol vermischen und in beliebige Flaschen abfüllen. Gut verschließen und bei Zimmertemperatur aufbewahren. Nach 1 Woche kann man ihn schon ausprobieren.

Serviervorschlag: nach dem Essen zum Mokka oder zum Nachmittagskaffee reichen.

Variante: Zusammen mit den Vanilleschoten 2 Gewürznelken und 1 kleines Stück Zimt (2 cm) mit in dem Sirup kochen.

Münchner Bierliqueur

Für diesen Likör, der in Bayern auf eine lange Tradition zurückgeht, benötigen Sie Starkbier, das über 16 Prozent Stammwürze hat.

2 l Starkbier (Bockbier) · 1 kg Rohrzucker · 2 Vanilleschoten · ¼ l Alkohol (96 Vol.-%) · ½ Teel. Zimtpulver · ½ Teel. Nelkenpulver

- Reifezeit: 3 Monate
- Haltbarkeit: 3 Monate

So wird's gemacht: Das Bier in einen großen, weiten Topf geben und den Zucker einrühren. Die Vanilleschoten aufschlitzen und hinzufügen. Alles unter Rühren zum Kochen bringen und bei schwacher Hitze 15 Minuten leise köcheln lassen. Den Topf vom Herd nehmen und ⅛ l Alkohol sowie das Zimtpulver und das Nelkenpulver einrühren. Alles zugedeckt 1 Stunde ziehen lassen; dann die Vanilleschoten entfernen. • Den Likör durch einen Kaffeefilter gießen, wieder in den Topf zurückgießen und erneut bis kurz vor den Siedepunkt erhitzen. • Erst dann den restlichen Alkohol einrühren und den Likör in beliebige Flaschen abfüllen. Besonders gut geeignet sind Bierflaschen mit Kippverschluß. Den Likör kühl und dunkel aufbewahren und 3 Monate reifen lassen.

Serviervorschlag: Der Likör schmeckt besonders gut als Menüabschluß vor dem Kaffee.

Kräuterlikör nach Art des Bénédictine

Das Originalrezept des Bénédictine wird selbst bei der Herstellerfirma so gut gehütet, daß angeblich jeweils nur drei leitende Herren des Unternehmens die genaue Zusammensetzung kennen. Es gibt aber so viele Nachahmungen, daß man in der Firma einen »Salon de Contrefaçons«, ein »Zimmer der Nachahmungen«, eingerichtet hat, in dem sich alle Liköre à la Bénédictine traulich vereinen – abgesehen vom »Original«.

12 g Kardamomkapseln · 5 g Gewürznelken · 1 Zimtstange · ½ Muskatnuß · 1 Handvoll (etwa 10 g) frische Pfefferminzblättchen; ersatzweise 5 g getrocknete Blätter · 1 unbehandelte Zitrone · 1 Stück (15 g) frische Ingwerwurzel · 20 g Engelwurz · 30 g Kalmuswurzel · 1 l Alkohol (96 Vol.-%) · 1½ l Wasser · 1 kg Zucker

- Reifezeit: 8 Tage
- Haltbarkeit: 6 Monate

So wird's gemacht: Die Kardamomkapseln mit den Gewürznelken und der gebrochenen Zimtstange im Mörser zerstoßen. Die Muskatnuß reiben. Die Minzblättchen abbrausen, trockentupfen und grobhacken. Die Zitrone heiß waschen, abtrocknen und die Hälfte der Frucht hauchdünn schälen. Die Schale quer in Streifen schneiden. Den Ingwer schälen und in dünne Scheiben schneiden. Alles zusammen mit der Engelwurz und der Kalmuswurzel in eine große, bauchige Flasche geben und mit dem Alkohol aufgießen. • Die Flasche gut verschließen und den Ansatz 8 Tage an einem dunklen Ort, am besten in der Speisekammer durchziehen lassen. • Das Wasser zum Kochen bringen, 250 g Zucker in einem weiten Stieltopf langsam hellbraun karamelisieren lassen, rasch vom Herd nehmen und ½ l Wasser unter Rühren angießen. Den restlichen Zucker und das übrige Wasser hinzufügen und unter Rühren bei starker Hitze aufkochen, dann noch 5 Minuten nur eben simmern lassen. Den Zuckersirup abkühlen lassen. Den Ansatz durch ein mit einem Mulltuch ausgelegtes Sieb gießen und mit dem Zuckersirup vermischen. Den Likör bei Zimmertemperatur aufbewahren.

Serviervorschlag: Der Likör schmeckt am besten nach einem festlichen Essen zum Kaffee.

Variante: Wenn Kalmuswurzel schwer erhältlich ist oder wenn der Likör Ihnen dadurch zu bitter erscheint, können Sie die Kalmuswurzel durch Ingwerwurzel ersetzen. Damit der Likör aber nicht zu scharf wird, sollte bei der Zugabe von Ingwer die Gesamtmenge von 25 g nicht überschritten werden.

Waldmeisterlikör »Grüner Heinrich«

Waldmeister entfaltet sein köstliches Aroma nur bis etwa Mitte Mai. Sobald er zu blühen beginnt, ist seine Zeit vorbei. Wer Glück hat, kann das duftende Kraut auf dem Markt erstehen, wer selber sammeln will, sollte in lichten Buchenwäldern suchen.

1 großes Bund Waldmeister (etwa 60 g) · ½ l Wasser · 300 g Zucker · ⅛ l Alkohol (96 Vol.-%) · ¾ l Wodka

- Reifezeit: 4 Wochen
- Haltbarkeit: 6 Monate

So wird's gemacht: Den Waldmeister gründlich abbrausen und trockentupfen; dann mit Garn zu einem Bündel zusammenfassen. Das Wasser in eine kleine, bauchige Flasche füllen, das Waldmeisterbündel hineinhängen und an den Flaschenhals binden. Die Flasche mit Alufolie gut verschließen und den Waldmeister über Nacht gut auslaugen lassen. • Am nächsten Tag das Wasser mit dem Waldmeister und dem Zucker kurz aufkochen lassen. Das Bündel entfernen und die Flüssigkeit bei starker Hitze sprudelnd um gut die Hälfte einkochen lassen. Das dauert etwa 20 Minuten. Die Flüssigkeit abkühlen lassen, dann mit dem Alkohol vermischen. • Das Ganze in eine Flasche füllen, die fast gefüllt sein sollte. An einem sonnigen Platz 4 Wochen reifen lassen; dabei hin und wieder schütteln. • Das Konzentrat mit dem Wodka vermischen und in kleine Flaschen oder Karaffen füllen.

Serviervorschlag: Der Likör kann pur oder »on the rocks« nach dem Essen getrunken werden. Er schmeckt aber auch sehr gut mit einem trokkenen Sekt oder Weißwein aufgefüllt als Aperitif oder Longdrink. Man kann mit Waldmeisterlikör auch Kompott oder Eis parfümieren.

Wacholderlikör

600 g Zucker · 1 l Wasser · 1 unbehandelte Zitrone · 1 Zimtstange · 4 Stück Sternanis · 6 Gewürznelken · 150 g Wacholderbeeren · ½ l Alkohol (96 Vol.-%)

- Reifezeit: 2 Monate
- Haltbarkeit: 6 Monate

So wird's gemacht: Den Zucker mit dem Wasser in einem Topf mischen. Die Zitrone heiß waschen, gründlich abtrocknen und in Scheiben schneiden. Zusammen mit der zweimal gebrochenen Zimtstange, dem Sternanis und den Gewürznelken zu der Zuckermischung geben. Alles aufkochen und 15 Minuten leise köcheln lassen. Die Wacholderbeeren in den heißen Sirup geben und alles zugedeckt abkühlen lassen. • Den Alkohol untermischen und den Ansatz in eine Flasche oder ein gut schließendes Glasgefäß geben. An einem hellen Platz, jedoch nicht in der prallen Sonne 2 Monate ziehen lassen. • Dann durch ein mit einem Mulltuch ausgekleidetes Sieb abseihen und in beliebige Flaschen oder Karaffen füllen. Bei Zimmertemperatur an einem nicht zu hellen Ort aufbewahren.

Serviervorschlag: Wacholderlikör am besten nach einem schweren Essen servieren; jedoch nur in Maßen trinken, da er die Nierentätigkeit lebhaft anregt.

Böhmischer Kümmel

Diesen kräftig schmeckenden Likör kann man ausschließlich mit Kümmel würzen oder, wie die Variante zu diesem Rezept zeigt, zusätzlich mit Anis und Kreuzkümmel aromatisieren.

¾ l sehr guter Kornbranntwein · 3 Eßl. Kümmel · 350 g Zucker · ¼ l Wasser

- Reifezeit: 9 Tage
- Haltbarkeit: 3-4 Monate

So wird's gemacht: Den Kornbranntwein mit dem Kümmel in einer bauchigen Flasche vermischen. • Die Flasche gut verschließen und 8 Tage lang an einen sonnigen, warmen Ort stellen. Den Ansatz mehrmals gut durchschütteln. • Den Zucker mit dem Wasser vermischen, unter Rühren bei starker Hitze aufkochen und einige Minuten sprudelnd kochen lassen. Noch warm mit dem Kümmelansatz vermischen. • Die Mischung 24 Stunden stehenlassen, dann durch ein mit einem Mulltuch ausgekleidetes Haarsieb gießen. Den Likör in beliebige Flaschen füllen und dunkel aufbewahren.

Serviervorschlag: Den Likör nach dem Essen reichen. Ist eine Erkältung im Anzug, kann man auch zwischendurch hin und wieder ein Gläschen davon trinken.

Variante: Ersetzen Sie 1 Eßlöffel Kümmel durch je 1 Teelöffel Anis- und Kreuzkümmelsamen; das gibt ein etwas blumigeres Aroma.

Großmutters Nelkenlikör

Bild Umschlag-Rückseite links unten

Das Rezept für diesen feinen Likör habe ich dem alten Davidis-Kochbuch meiner Großmutter entnommen. Wie mir meine Mutter versicherte, wurde er sehr sehr häufig gebraut. Auch wenn er plötzlich zu Ende ging, konnte man doch sicher sein, daß die Großmutter eine oder zwei Flaschen so gut versteckt hatte, daß man sich zu Weihnachten und Silvester daran laben konnte.

10 dunkle Süßkirschen · 10 dunkle Sauerkirschen · 5 Kardamomkapseln; ersatzweise ½ Teel. gemahlener Kardamom · 15 Gewürznelken · 20 Korianderkörner · 8 Pimentkörner · ½ Zimtstange · 250 g brauner Kandiszucker · 1½ l Cognac oder Weinbrand

- Zeit zum Trocknen: 2–3 Tage
- Reifezeit: 6 Wochen
- Haltbarkeit: 1 Jahr

So wird's gemacht: Die Kirschen waschen und abtrocknen, dann auf einer dicken Lage Haushaltspapier ausbreiten und 2–3 Tage an einem luftigen, sonnigen Platz trocknen lassen. • Die Kardamomkapseln öffnen und die Samen herausnehmen. Die Samen mit den Gewürznelken, den Koriander- und Pimentkörnern sowie der Zimtstange in einem Mörser leicht zerstoßen. Großen Kandiszucker zwischen zwei Blätter Pergamentpapier legen oder in einen Gefrierbeutel geben und mit dem Hammer zerkleinern. Die Kirschen und die Gewürze zusammen mit dem Zucker in eine bauchige Flasche geben und mit dem Cognac oder Weinbrand aufgießen. • Die Flasche gut verschließen und den Likör an einem hellen, sonnigen Platz 6 Wochen reifen lassen. • Den Likör durch ein mit einem Mulltuch ausgekleidetes Sieb gießen und in beliebige Flaschen füllen.

Serviervorschlag: Als Aperitif schmeckt der Likör besonders gut, wenn man ihn »on the rocks« serviert; als Digestiv serviert man ihn pur. Er schmeckt auch zu Kaffee und Mokka.

Mein Tip Eine pikant herbe Note bekommt der Nelkenlikör, wenn Sie statt der Kirschen 20 bis 25 Schlehen verwenden. Stechen Sie die Früchte drei- bis viermal mit einem Zahnstocher ein und verfahren Sie ansonsten ebenso wie mit den Kirschen. Wenn Sie Gelegenheit haben, Schlehen zu bekommen, sollten Sie diese Geschmacksrichtung einmal ausprobieren. Warten Sie aber mit dem Pflücken, bis der erste Nachtfrost ins Land gegangen ist – erst dann haben die Schlehen ihr bestes Aroma.

Liköre mit Beeren und Früchten

»Wer Beeren hat, macht auch Likör« – wenn er schlau ist. Fast alle unsere Gartenbeeren, aber auch anderes einheimisches Obst lassen sich zu Likör verarbeiten. Dies gilt nicht zuletzt auch für die Wildfrüchte. Man bekommt sie zwar selten auf dem Markt angeboten und muß sie daher selber sammeln. Aber die Mühe lohnt sich. Denn Wildfrüchte – etwa Waldhimbeeren – haben einen intensiveren Geschmack als Gartenfrüchte. Für beide gilt: Sie müssen ihren höchsten Reifegrad erreicht haben, um ihr köstliches Aroma an den jeweiligen Alkohol abzugeben. Aber verwenden Sie bitte niemals Früchte mit fauligen Stellen. Denn selbst wenn man diese Teile herausschneidet, können Geschmack und Aroma leiden.

Limoncello-Likör

Dieser Likör braucht keine lange Reifezeit. Ich bereite ihn darum gerne zu, wenn wir eingeladen sind und ein originelles und persönliches Geschenk mitbringen wollen.

2 unbehandelte Zitronen · 3 unbehandelte Limetten · ½ l klarer Kornbranntwein · 850 g Zucker · 1 l Wasser

- Reifezeit: 2 Tage
- Haltbarkeit: 2–3 Monate

So wird's gemacht: Die Zitronen und die Limetten heiß waschen und gründlich abtrocknen. Die Schalen sehr dünn schälen und in etwa 1 cm lange Stücke schneiden. Die Schalen in einer bauchigen Flasche mit dem Kornbranntwein vermischen. • Den Ansatz gut verschlossen 2 Tage an einem warmen Platz, aber nicht in der prallen Sonne ziehen lassen. • Den Zucker und das Wasser in einem hohen Topf vermischen, unter Rühren sprudelnd aufkochen und dann 10 Minuten, ohne zu rühren, leise köcheln lassen. Die Schalen aus dem Kornbranntwein entfernen und die noch heiße Zuckerlösung einrühren. • Den Likör durch einen Kaffeefilter gießen und in beliebige Flaschen füllen. Die Flaschen gut verkorken. Den Likör dunkel, am besten in der Speisekammer oder in einem Schrank aufbewahren.

Serviervorschlag: Der Likör schmeckt pur, aber auch auf Eiswürfeln oder mit trockenem Sekt aufgefüllt. Man kann damit außerdem sehr gut Vanilleeiscreme übergießen.

Heidelbeerlikör

Für den Heidelbeerlikör gilt das gleiche wie für den Likör von Waldhimbeeren: Er gelingt am besten mit Waldbeeren. Die großen Zuchtheidelbeeren sind zwar sehr saftig, aber ihnen fehlt das intensive Aroma, das für einen Liköransatz unerläßlich ist.

750 g Heidelbeeren · 250 g Zucker · ½ l Alkohol (96 Vol.-%) · 1 Vanilleschote · ¼ Zimtstange · ½ l neutralschmeckendes abgekochtes Wasser · ½ l Himbeergeist

- Reifezeit: 4 Monate
- Haltbarkeit: 5–6 Monate

So wird's gemacht: Die Heidelbeeren verlesen, waschen und in einem Durchschlag gründlich abtropfen lassen. In einer Schüssel mit dem Zukker vermischen, mit einer Gabel kräftig zerdrükken und so lange stehenlassen, bis sich der Zukker ganz aufgelöst hat. Dabei hin und wieder umrühren. Die Beeren dann mit dem Alkohol vermischen und in eine bauchige Flasche füllen. Die Vanilleschote längs aufschlitzen und zusammen mit der Zimtstange zu den Heidelbeeren geben. • Die Flasche gut verschließen und den Ansatz 4 Wochen auf einem sonnigen Fensterbrett ziehen lassen. • Dann durch ein feines Haarsieb streichen, mit dem Wasser und dem Himbeergeist vermischen und in beliebige Flaschen füllen. Die Flaschen gut verschließen und den Likör kühl und dunkel, jedoch nicht im Kühlschrank 3 Monate reifen lassen.

Serviervorschlag: Mit trockenem Sekt aufgefüllt als Aperitif oder nach einem festlichen Menü reichen – eventuell zu Kaffee oder Mokka. Vanilleeis, mit Heidelbeerlikör übergossen, ist eine besondere Köstlichkeit.

Badischer Schlehenlikör

Schlehen, die schwarzblauen, kugelrunden Scheinfrüchte des Schwarzdorns, wachsen überall in Deutschland, in den Knickhecken Schleswig-Holsteins ebenso wie an wilden Waldrändern der Schwäbischen Alb, des Schwarzwalds und der Voralpen. Aber im Handel sind sie so gut wie nie zu haben. Wer also keinen Strauch im eigenen Garten hat, muß selber »sammeln«. Schlehen sind reif ab Ende September, ihr volles Aroma und die richtige Süße entfalten sie jedoch erst nach einem ordentlichen Nachtfrost.

Mein Tip Die abgegossenen Schlehen bitte auf keinen Fall wegwerfen, denn sie schmecken köstlich. Man kann sie wie Rumtopffrüchte zu feinen Desserts reichen. Sehr gut passen sie als Beilage auch zu Wildgerichten. Ganz besonders gut lassen sich mit den entkernten und grobgehackten Früchten Wildbratensaucen verfeinern.

1250 g Schlehen · 750 g Zucker · 1 Vanilleschote · etwa 1 l Weinbrand oder Cognac

- Reifezeit: 8 Wochen
- Haltbarkeit: 1 Jahr

So wird's gemacht: Die Schlehen waschen und in einem sauberen Küchentuch trockenreiben. Jede Frucht 3- bis 4mal mit einem Zahnstocher einstechen. Zwei heiß ausgewaschene und abgetrocknete 1-Liter-Weinflaschen lagenweise mit den Früchten und dem Zucker füllen und gut verkorken. • Über Nacht ziehen lassen, damit der Zucker sich auflösen kann. • Die Vanilleschote halbieren und jede Hälfte aufschlitzen. In jede Flasche ½ Schote geben. Alles mit Weinbrand oder Cognac auffüllen. • Die Flaschen wieder verschließen und 8 Wochen lang auf ein sonniges Fensterbrett stellen. Hin und wieder rütteln. • Die Flüssigkeit abgießen und durch einen Kaffeefilter gießen. In Flaschen oder Karaffen füllen und bei Zimmertemperatur aufbewahren.

Serviervorschlag: Schlehenlikör sollte grundsätzlich pur genossen werden; er schmeckt gut zu Kaffee oder Mokka. Hervorragend eignet er sich auch zum Verfeinern von Eis-, Creme- oder Obstdesserts.

Mandarinen und Kaffeebohnen geben diesem herrlich ▷ duftenden Getränk das besondere Aroma. Doch dank seiner schönen Farbe ist der »Mandarinenlikör« auch optisch ein Genuß. Der fertige Likör eignet sich gut als Zutat für Mixgetränke und zur Parfümierung von Cremespeisen. Rezept Seite 42.

Likör von Waldhimbeeren

Bild nebenstehend

Ganz ohne Zweifel sind Waldhimbeeren die aromatischten Früchte ihrer Gattung, nur leider sind sie selten im Handel. Man muß sie sich meist selber suchen. Nehmen Sie dabei auch getrost die kleinen, unansehnlichen Beeren; denn auch sie sind köstlich im Geschmack.

1 kg Waldhimbeeren · 1 Vanilleschote · 350 g weißer Kandiszucker · 1 l Himbeergeist

- Reifezeit: 3 Wochen
- Haltbarkeit: 6–8 Monate

So wird's gemacht: Die Himbeeren verlesen und vorsichtig waschen. Gründlich abtropfen lassen, auf eine Lage Haushaltspapier legen und trokkentupfen. Erst dann von eventuell vorhandenen Stielen befreien. Die Vanilleschote der Länge nach aufschlitzen und mit der Schnittstelle nach oben flach auseinanderdrücken. Großen Kandiszucker zwischen zwei Blätter Pergamentpapier oder in einen Gefrierbeutel geben und mit einem Hammer fein zerschlagen. Die Beeren, die Vanilleschote und den Zucker in einer Schüssel mischen. Nun die Beeren mit einer Gabel leicht zerdrücken. Die Schüssel mit Folie überziehen und über Nacht stehenlassen. Dann sollte der Zucker sich ganz aufgelöst haben. • Am nächsten Tag alles in eine bauchige Flasche füllen und mit dem Himbeergeist übergießen. Die Flasche gut verschließen und den Likör an einem hellen Platz, jedoch nicht in der prallen Sonne etwa 3 Wochen reifen lassen; dabei hin und wieder schütteln. • Ein Kunststoffsieb mit einem Mulltuch auskleiden und den Likör abseihen. In beliebige Flaschen oder Karaffen füllen und gut verschlossen bei Zimmertemperatur an einem nicht zu hellen Ort aufbewahren.

Serviervorschlag: Pur schmeckt dieser ganz besonders feine Likör zum Kaffee. Er eignet sich auch zum Übergießen einer edlen Cremespeise.

Mein Tip Wenn Sie keine Waldhimbeeren bekommen, können Sie auf Gartenhimbeeren ausweichen; dann jedoch die Fruchtmenge auf 1125 g erhöhen und zusätzlich noch ein Stück unbehandelte Zitronenschale in den Ansatz geben.

◁ Für diesen »Likör von Waldhimbeeren«, der auch dem Anfänger leicht gelingt, braucht man außer einer Vanilleschote und weißem Kandiszucker die auf dem Markt nur selten erhältlichen Waldhimbeeren. Am besten hält man auf Spaziergängen rechtzeitig nach dem Standort von wildwachsenden Himbeeren Ausschau, damit man zur Reifezeit eine gute Ernte nach Hause tragen kann; denn das intensive Aroma entscheidet über die Geschmacksqualität des späteren Likörs. Rezept auf dieser Seite.

Johannisbeer-Aufsetzer

Daß man Johannisbeeren ganz ungeahnte Seiten abgewinnen kann, zeigt der aus Norddeutschland stammende köstliche Aufsetzer, wie man den Johannisbeerkorn auch nennt.

600 g schwarze Johannisbeeren · 400 rote Johannisbeeren · 1 kg brauner Kandiszucker · 3 l reiner Kornbranntwein · etwa 10 Johannisbeerblätter

- Reifezeit: 12 Wochen
- Haltbarkeit: 6 Monate

So wird's gemacht: Die Johannisbeeren gründlich waschen, abtropfen lassen, auf einer dicken Lage Haushaltspapier ausbreiten und trockentupfen. Großen Kandiszucker zwischen zwei Blätter Pergamentpapier oder in einen Gefrierbeutel geben und mit einem Hammer grob zerstoßen. Die nicht abgezupften Beeren und den Zucker lagenweise in einen großen Steinkrug schichten und mit einem Teller beschwert 24 Stunden durchziehen lassen. • Dann erst mit dem Korn auffüllen. Die Blätter abbrausen, trockentupfen und den Ansatz damit bedecken. Den Steinkrug mit einem sauberen Küchentuch zubinden und den Likör an einem kühlen Ort, am besten im Keller 6 Wochen reifen lassen. • Dann durch ein mit einem Mulltuch ausgekleidetes Sieb abseihen und in beliebige Flaschen füllen. Die Flaschen gut verschließen und den Likör noch weitere 6 Wochen bei Zimmertemperatur stehenlassen.

Serviervorschlag: Dieser Likör schmeckt besonders gut mit trockenem Weißwein oder mit Sekt aufgefüllt als Aperitif. Pur sollte man ihn zum Kaffee genießen. Außerdem eignet er sich zum Verfeinern von dunklen Bratensaucen.

Würziger Orangenlikör

Bei diesem Likör handelt es sich vermutlich um die »Weiterentwicklung« eines Rezeptes aus dem berühmten österreichischen Kochbuch von Marie von Rokitanski aus dem Jahre 1887.

8 unbehandelte Orangen · 8 Gewürznelken · 1 Zimtstange · 1 Vanilleschote · 1½ l sehr guter Kornbranntwein oder Wodka · 700 g Zucker · 10 Eßl. Wasser

- Reifezeit: 4 Monate
- Haltbarkeit: 1 Jahr

So wird's gemacht: Die Orangen heiß waschen, abtrocknen und möglichst dünn schälen. (Das Fruchtfleisch anderweitig verwenden.) Die Orangenschalen in schmale Streifen schneiden und zusammen mit den Gewürznelken, der zweimal gebrochenen Zimtstange und der aufgeschlitzten Vanilleschote in eine große, bauchige Flasche füllen. Den Kornbranntwein oder den Wodka angießen. • Die Flasche gut verschließen. Den Likör an einem kühlen, aber nicht zu dunklen Platz 2 Monate reifen lassen. Die Flasche dabei hin und wieder rütteln. • Dann den Zucker mit dem Wasser aufkochen, etwas abkühlen lassen und zu dem Ansatz geben. Die Flasche erneut verschließen und für weitere 2 Monate kühl stellen. • Den Likör durch ein mit einem Mulltuch ausgekleidetes Sieb abseihen und in beliebige Flaschen oder Karaffen füllen.

Serviervorschlag: Der Likör schmeckt pur besonders gut, wenn er leicht gekühlt ist. Man kann ihn mit Sekt, Tonic Water oder Bitter Lemon als Longdrink genießen. Probieren Sie auch einmal folgendes: Einen Hefesavarin oder einen Sandkuchen mit einem Holzstäbchen mehrmals einstechen und mit reichlich Likör tränken. Den Savarin dann mit Früchten und Schlagsahne füllen, zu dem Sandkuchen nur Schlagsahne reichen.

Orangen-Kaffee-Likör

6 kleine unbehandelte Orangen · 48 Kaffeebohnen · 400 g Zucker · 2–3 Eßl. Orangensaft · 1½ l sehr guter Kornbranntwein oder Trester-schnaps

- Reifezeit: 5 Monate
- Haltbarkeit: 8 Monate

So wird's gemacht: Die Orangen heiß waschen und gut abtrocknen. Jede Orange mit 8 kleinen Einschnitten versehen und je 1 Kaffeebohne hineinstecken. Die Orangen in eine Flasche mit weitem Hals oder in ein hohes Glasgefäß geben. Den Zucker in einem weiten Topf mit dem Orangensaft vermischen und unter Rühren so lange erwärmen, bis der Zucker sich ganz aufgelöst hat. Den Zucker unter Rühren etwas abkühlen lassen, dann den Kornbranntwein oder Tresterschnaps hineinrühren. Die Mischung über die Orangen gießen. • Die Flasche oder das Gefäß mit einem Korken fest verschließen oder mit einem Stück Leinen zubinden und darüber Alufolie drücken. Den Likör an einen hellen Platz stellen – jedoch nicht in die pralle Sonne – und 5 Monate lang durchziehen lassen. • Den Likör vorsichtig abgießen und in beliebige Flaschen oder Karaffen füllen. Bei Zimmertemperatur, aber nicht zu hell aufbewahren.

Serviervorschlag: Der Likör schmeckt besonders gut mit trockenem Sekt oder Weißwein als Longdrink. Er schmeckt pur und »on the rocks« und eignet sich zum Verfeinern von Cremespeisen, Eisdesserts und Schlagsahne.

Mein Tip Werfen Sie die Orangen nicht fort, sondern geben Sie sie (ohne die Kaffeebohnen) in ein kleineres Glas, in dem sie sehr eng liegen. Je nach Bedarf werden dann Stücke abgeschnitten, gehackt und als Kuchenwürze oder zum Verfeinern von dunklen Bratensaucen verwendet.

Hagebuttenlikör nach alter Art

Bild 2. Umschlagseite

Diesen Likör, für den ich ein Rezept von Henriette Davidis modernisiert habe, sollten Sie am besten aus den Früchten der wilden Heckenrose »brauen«. Sie sind allerdings ein wenig mühsam zu ernten. Wenn Sie aber Japanische Apfelrosen oder eine andere großfruchtige Hagebutte im Garten haben, können Sie auch deren Früchte verwenden; allerdings sollte man dann etwas mehr Zitronenschale als im Rezept angegeben für den Ansatz verwenden.

1 kg Hagebutten · 300 g brauner Kandiszucker · je ½ unbehandelte Zitrone und Orange · 4 Gewürznelken · ½ Zimtstange · 1½ l Cognac oder Weinbrand

- Reifezeit: 3 Monate
- Haltbarkeit: 6 Monate

So wird's gemacht: Von den Hagebutten die Blüten- und Stengelansätze abschneiden. Die Früchte waschen und gründlich abtropfen lassen, dann mit einem scharfen Messer halbieren und die Kerne herausschaben. Großen Kandiszucker zwischen zwei Blätter Pergamentpapier legen oder in einen Gefrierbeutel geben und mit dem Hammer zerkleinern. Die Hagebutten und den Kandiszucker in einer Schüssel vermischen und zugedeckt über Nacht ziehen lassen, damit sich der Zucker auflöst. • Am nächsten Tag die Zitrone und die Orange heiß abwaschen und gründlich abtrocknen. Die Schalen hauchdünn abschälen und mit der Fruchtmischung, den Gewürznelken und der Zimtstange in eine bauchige Flasche geben. Den Cognac oder Weinbrand angießen. • Die Flasche gut verschließen und den Likör an einem warmen, sonnigen Platz 2 Monate ziehen lassen. • Dann durch ein mit einem Mulltuch ausgekleidetes Sieb abseihen, in beliebige Flaschen oder Karaffen füllen, gut verschließen und bei Zimmertemperatur an einem nicht zu hellen Platz nochmals 1 Monat reifen lassen.

Serviervorschlag: Hagebuttenlikör schmeckt pur als Verdauungsschlückchen. Mit trockenem Sekt oder Weißwein aufgefüllt kann man ihn als Longdrink reichen. Mit Hagebuttenlikör vermischte Schlagsahne ist eine ganz besondere Tortenfüllung. Außerdem eignet sich der Likör zum Verfeinern von Wildsaucen und pur als Dessertsauce.

Mein Tip Nehmen Sie bei wilden Hagebutten noch feste, orangefarbene Früchte. Vollreife Hagebutten lassen sich sehr viel schwerer putzen und haben nicht wesentlich mehr Aroma. Beim Putzen sollte man grundsätzlich Gummihandschuhe tragen, da die kleinen Härchen, die die Kerne umgeben, unangenehm piken und sich in der Haut festsetzen.

Holunderelixier

Bild 3. Umschlagseite

Für diesen Likör braucht man sowohl die Blüten, als auch später die reifen Beeren des Holunderstrauches; das heißt, es ist etwas Geduld nötig!

6 große blühende Holunderdolden · 2 kg Holunderbeeren · je 1 unbehandelte Zitrone und Orange · 350 g weißer Kandiszucker · 2 Flaschen (je 0,7 l) Cognac oder sehr guter Weinbrand

- Reifezeit: 2 Monate
- Haltbarkeit: 6 Monate

So wird's gemacht: Die Blütendolden vorsichtig in klarem Wasser schwenken, damit alles eventuell vorhandene Getier entfernt wird. Die Dolden mit den Blüten nach unten auf einer Lage Haushaltspapier abtrocknen lassen. Dann mit Garn zu einem Bündel zusammenfassen und an einem luftigen, aber nicht zu hellen Platz zum Trocknen aufhängen. • 3 Tage bevor die Holunderbeeren gepflückt werden, die Zitrone und die Orange heiß waschen, gründlich abtrocknen und möglichst dünn schälen. Die Schalen ebenfalls luftig, aber nicht zu hell zum Trocknen aufhängen. (Das Fruchtfleisch anderweitig verwenden.) • Die Holunderbeeren vom Strauch abschneiden, gründlich waschen und abtrocknen. Die harten, dicken Stiele abschneiden, die Beeren in einer Schüssel leicht zerstampfen und dann in eine große, bauchige Flasche füllen. • Großen Kandiszucker zwischen zwei Blätter Pergamentpapier oder in einen Gefrierbeutel geben und mit einem Hammer zerstoßen. Mit den Beeren vermischen und einige Stunden stehenlassen. Dann die getrockneten Blüten sowie die Zitronen- und Orangenschalen hinzufügen. Mit dem Cognac oder Weinbrand aufgießen. • Die Flasche gut verschließen und den Likör an einem hellen Platz, jedoch nicht in der prallen Sonne 2 Monate reifen lassen. • Den Likör zuerst durch ein Haarsieb, dann durch ein mit einem Mulltuch ausgekleideten Sieb abseihen. In beliebige Flaschen oder Karaffen füllen und dunkel aufbewahren.

Serviervorschlag: Der Likör kann pur getrunken werden; besonders gut schmeckt er aber mit einem trockenen Weißwein vermischt als Aperitif oder – an kalten Wintertagen – mit heißem Wasser oder heißem Rotwein als »Grog«; er hilft dann Erkältungen vorzubeugen.

Ebereschenlikör

Bild Umschlag-Rückseite rechts unten

Ob Sie für diesen Likör die besonders herben wild wachsenden Ebereschen oder die größeren, milderen Garteneberesschen verwenden, hängt ganz von Ihrem persönlichen Geschmack ab. Allerdings trägt der kultivierte Gartenbaum nicht so reich wie die an Waldrändern oder Hecken wild wachsende Eberesche.

1500 g Ebereschen · 750 g brauner Kandiszucker · 10 Gewürznelken · 1 Zimtstange · 1½ l sehr guter Kornbranntwein

- Reifezeit: 3 Monate
- Haltbarkeit: 8 Monate

So wird's gemacht: Die Beeren waschen und gründlich abtrocknen. Dann mit einer Gabel von den Rispen abstreifen oder die harten Stielteile sehr knapp mit der Küchenschere abschneiden. Großen Kandiszucker zwischen zwei Blätter Pergamentpapier legen oder in einen Gefrierbeutel geben und mit dem Hammer zerkleinern. In einer Schüssel die Beeren mit dem Kandiszucker vermischen und leicht zerstampfen. Zugedeckt über Nacht stehenlassen. • Am nächsten Tag die Gewürznelken und die Zimtstange im Mörser zerstoßen. Zusammen mit den Früchten und dem gezogenen Saft in eine große, bauchige Flasche füllen und mit dem Kornbranntwein begießen. • Die Flasche gut verschließen und an einen hellen Platz, jedoch nicht in die pralle Sonne stellen. Den Ansatz 3 Monate reifen lassen, dabei hin und wieder kräftig schütteln. • Den Likör dann durch ein mit einem Mulltuch ausgekleidetes Sieb abseihen und in kleine Flaschen oder Karaffen füllen. Bei Zimmertemperatur, jedoch nicht zu hell aufbewahren.

Serviervorschlag: Seines herben Geschmacks wegen ist Ebereschenlikör vor allem als »Afterdinner-drink« nach einem festlichen Essen sehr zu empfehlen. Er wird aber, mit einem trockenen Weißwein aufgefüllt, auch als Aperitif sehr geschätzt. Mit dem Likör lassen sich Saucen von Wildbraten und dunklem Fleisch verfeinern. Außerdem kann man Reh- oder Hirschkalbssteaks darin kurz marinieren.

Französischer Quittenlikör

Bild Umschlag-Rückseite unten mitte

Aus Frankreich stammt dieser feine Likör, der dort in manchen Familien traditionell zu Weihnachten genossen wird. Am besten schmeckt dieser Likör, wenn er aus Birnenquitten zubereitet wird. Wenn Sie nur die weniger aromatischen Apfelquitten erwerben können, geben Sie zum Ansatz die Schale von 1 unbehandelten Orange sowie 4 Gewürznelken hinzu.

1 kg Birnenquitten · 500 g feiner Zucker · frisch gepreßter Saft von 2 Zitronen · 1½ l sehr guter Kornbranntwein

- Reifezeit: 7 Wochen
- Haltbarkeit: 6 Monate

So wird's gemacht: Die Quitten mit einem sauberen Küchentuch abreiben, damit der feine Flaum abgeht. Die Früchte dann vierteln, von Blüten- und Stengelansätzen befreien. Die Früchte auf einer Kunststoffreibe feinraspeln und mit dem Zucker vermischen. Zugedeckt über Nacht stehenlassen, damit der Zucker sich auflösen kann. • Am nächsten Tag die Quitten in eine große, bauchige Flasche oder in ein Glasgefäß füllen und mit dem Zitronensaft und dem Korn vermischen. Die Flasche verkorken, über das Glasgefäß ein sauberes Leinentuch binden und darüber Alufolie fest andrücken. Den Likör an einem hellen, sonnigen Platz 1 Monat reifen lassen; dabei hin und wieder rütteln. • Den Likör zunächst durch ein Haarsieb, dann durch einen Kaffeefilter gießen. In beliebige Flaschen abfüllen, verschließen und an einem kühlen Platz noch 3 Wochen nachreifen lassen.

Serviervorschlag: Am besten schmeckt der Quittenlikör leicht gekühlt oder »on the rocks« nach dem Essen oder ungekühlt zum Kaffee.

Variante: Statt Korn einen milden Whisky oder einen weichen Weinbrand verwenden.

Quitten-Würz-Likör

1500 g Quitten · ½ l Alkohol (96 Vol.-%) · 50 g Kardamomkapseln · 10 Gewürznelken · ½ Zimtstange · 1 Eßl. Korianderkörner · 500 g Zucker · ¼ l Wasser

- Reifezeit: 13 Tage
- Haltbarkeit: 3 Monate

So wird's gemacht: Die Quitten mit einem Tuch abreiben, damit der weiche Flaum abgeht. Die Früchte waschen, abtrocknen, vierteln und im Entsafter nach Vorschrift entsaften. Den Saft mit dem Alkohol, den geöffneten Kardamomkapseln, den Gewürznelken, der Zimtstange und den Korianderkörnern in einem Steingutgefäß vermischen. • Das Gefäß mit einem Küchentuch zubinden und die Mischung an einem kühlen Platz, am besten im Keller 6 Tage ziehen lassen. • Den Zucker mit dem Wasser sprudelnd aufkochen und 5 Minuten leise köcheln lassen. Den Ansatz zuerst durch ein feines Haarsieb, dann durch einen Kaffeefilter abseihen und mit dem Zuckersirup vermischen. • Den Likör in beliebige Flaschen oder Karaffen füllen, verschließen und vor dem ersten Genießen noch 1 Woche bei Zimmertemperatur stehenlassen.

Serviervorschlag: Der Quittenlikör schmeckt pur zum Kaffee. Mit kaltem Sodawasser aufgegossen ist er ein sehr erfrischender Longdrink.

Ananaslikör

Ananaslikör hat ein unvergleichliches Aroma, das sich leider nur etwa 8 Wochen hält. Ich muß aber gestehen, daß der Likör bei uns nur äußerst selten seine fünfte Woche »überlebt« hat.

¼ l Wasser · 2 g Zitronensäure · 400 g Zucker · 2 frische Ananas von je 800 g · ⅛ l Alkohol (96 Vol.-%) · je 1 unbehandelte Zitrone und Orange · 1½ l Cognac oder sehr guter Weinbrand

- Reifezeit: gut 3 Wochen
- Haltbarkeit: 8 Wochen

So wird's gemacht: Das Wasser mit der Zitronensäure und dem Zucker in einem Topf mischen, unter Rühren aufkochen, dann 15 Minuten sprudelnd kochen lassen und dabei hin und wieder umrühren. In der Zwischenzeit die Ananas schälen. Dazu jede Frucht zuerst von Krone und Stengelansatz befreien, dann hochkant stellen und die Schale in schmalen Streifen abschneiden. Mit einer Messerspitze die »Augen« herauslösen. Die Früchte längs achteln, von den harten Strünken befreien und feinwürfeln. Dann in eine große, bauchige Flasche oder ein Glasgefäß mit Deckel füllen. Die Zuckerlösung etwas abkühlen lassen, mit dem Alkohol vermischen und über die Ananaswürfel gießen. • Die Flasche gut verschließen und den Ansatz an einem kühlen Platz, jedoch nicht im Kühlschrank 2 Tage durchziehen lassen. • Die Zitrone und die Orange heiß waschen und gründlich abtrocknen; dann je zur Hälfte hauchdünn schälen. (Das Fruchtfleisch anderweitig verwenden.) Die Zitronen- und Orangenschalen in Streifen schneiden und zu der Ananasmischung geben. Mit dem Cognac oder Weinbrand aufgießen. • Die Flasche erneut verschließen und den Likör an einem nicht zu hellen Platz 3 Wochen reifen lassen. • Den Likör durch ein feines Haarsieb abgießen und dabei das Fruchtfleisch kräftig ausdrücken. Den Likör in kleine Flaschen oder Karaffen abfüllen und kühl und dunkel aufbewahren.

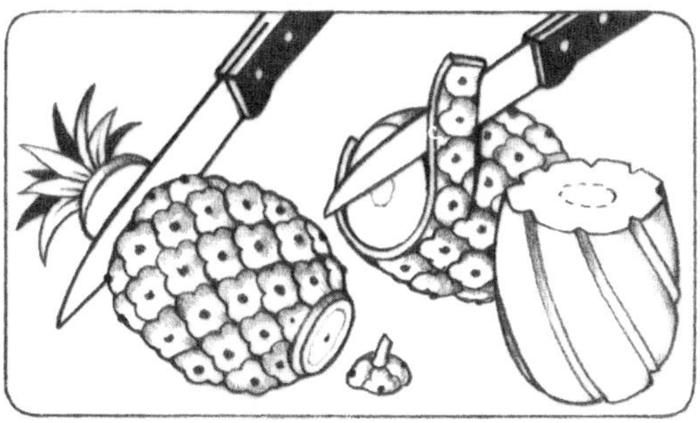

Die Ananas an beiden Enden abschneiden und schälen. Die »Augen« lassen sich besonders leicht mit diagonalen Schnitten heraustrennen; man kann sie auch mit einem spitzen Messer ausstechen.

Serviervorschlag: Ananaslikör schmeckt pur, auf Eis oder mit weißem oder braunem Rum gemischt. Als Longdrink kann man ihn mit einem trockenen Sekt aufgießen.

Erdbeerlikör

Für diesen Likör braucht man Erdbeeren mit ausgeprägtem Aroma. Am besten geeignet sind Walderdbeeren, die aber leider nur selten auf dem Markt und auch mühsam zu sammeln sind. Ersatzweise kann man Monatserdbeeren oder kleine, festfleischige Gartenerdbeeren verwenden. Die großen, oft nach optischen Gesichtspunkten gezogenen Früchte sind meist zu wasserhaltig und zu wenig aromatisch.

1 kg kleine aromatische Erdbeeren · 500 g weißer Kandiszucker · ½ Teel. rosa Pfefferkörner; ersatzweise getrocknete grüne Pfefferkörner · ¼ Zimtstange · 1 Flasche (0,7 l) sehr guter Weinbrand oder Cognac · 1 Flasche (0,7 l) Kirschwasser

- Reifezeit: 3–4 Monate
- Haltbarkeit: 5 Monate

So wird's gemacht: Die Erdbeeren vorsichtig waschen und auf einer Lage Haushaltspapier abtrocknen. Erst dann entkelchen. Großen Kandiszucker zwischen zwei Blätter Pergamentpapier oder in einen Gefrierbeutel geben und mit einem Hammer mittelfein zerstoßen. Die Pfefferkörner mit einer Messerklinge leicht zerdrücken. Die Erdbeeren und den Kandiszucker zusammen mit den Gewürzen lagenweise in eine bauchige Flasche füllen, mit Pergamentpapier zubinden und über Nacht stehenlassen. Am nächsten Tag den Weinbrand und das Kirschwasser angießen. • Die Flasche verkorken und an einen sonnigen Platz stellen. Den Likör mindestens 2, besser noch 3 Monate reifen lassen. • Dann durch ein Kunststoffsieb abgießen und das Fruchtfleisch kräftig ausdrücken. • Den Likör zurück in die Flasche füllen, erneut gut verschließen und noch 1 Monat an einem dunklen Platz nachreifen lassen. • Den Likör dann durch einen Kaffeefilter oder ein mit einem Mulltuch ausgekleidetes Sieb abseihen und in beliebige Flaschen oder Karaffen füllen. Nicht zu hell aufbewahren.

Serviervorschlag: Seines köstlichen Aromas wegen schmeckt der Likör pur am besten; man kann ihn aber auch mit trockenem Sekt oder Weißwein vermischen und als Aperitif reichen. Eiscreme oder Cremespeisen, mit Erdbeerlikör übergossen, sind eine Delikatesse.

Variante: Statt Weinbrand und Kirschwasser die Beeren mit Arrak aufgießen und die Gewürze durch etwas frische, sehr fein geraspelte Ingwerwurzel (10 g) und die Schale von ½ unbehandelten Zitrone ersetzen.

Golden Apricot

100 g ungeschwefelte Dörraprikosen · 1 unbehandelte Orange · 150 g Zucker · 4 Stück Sternanis · ½ l Alkohol (96 Vol.-%) · ½ l trockener Weißwein · ½ l destilliertes Wasser

- Reifezeit: 3 Monate
- Haltbarkeit: 6 Monate

So wird's gemacht: Die Dörraprikosen in dünne Streifen schneiden. Die Orange heiß waschen und gründlich abtrocknen. Dann sehr dünn schälen und die Schale in schmale Streifen schneiden. Die Frucht auspressen. Den Orangensaft in einem Stieltopf mit dem Zucker vermischen und unter Rühren so lange erwärmen, bis der Zucker sich ganz aufgelöst hat. Unter weiterem Rühren abkühlen lassen. Die Aprikosen- und Orangenschalenstreifen in eine große, bauchige Flasche füllen. Den Sternanis im Mörser grob zerstoßen und hinzufügen. Alles mit dem Alkohol und der Orangen-Zucker-Lösung übergießen. • Die Flasche gut verkorken, für 2 Monate an einen warmen, sonnigen Platz stellen und hin und wieder rütteln. • Dann erst den Wein und das destillierte Wasser zu dem Ansatz gießen. Die Flasche wieder verschließen und den Likör nochmals 1 Monat reifen lassen. • Den Likör durch ein mit einem Mulltuch ausgekleidetes Sieb abseihen. In beliebige Flaschen oder Gläser füllen und bei Zimmertemperatur, aber nicht hell aufbewahren.

Serviervorschlag: Golden Apricot schmeckt pur, auf Eis oder mit trockenem Sekt gemischt. Er eignet sich sehr gut zum »Parfümieren« von frischen Früchten, etwa Ananas, Pfirsichen, Erdbeeren und Aprikosen.

Variante: Statt Aprikosen können Sie auch getrocknete Feigen oder Kurpflaumen (ohne Steine) verwenden. Dann aber 1 Stange Zimt (zweimal gebrochen) und nach Belieben noch eine Spirale unbehandelte Zitronen- oder Orangenschale mit in den Ansatz geben.

Wenn Sie Ihre Familie, Ihre Freunde und Ihre Gäste mit einer außergewöhnlichen Spezialität überraschen wollen, dann probieren Sie einmal das Rezept für den »Likör mit Pecannüssen« aus; denn mit ihm haben Sie einen ungewöhnlichen Tropfen zur Hand, den es bestimmt nicht fertig zu kaufen gibt. Rezept Seite 45. ▷

Wachauer Marillenlikör

In der Wachau, dem Donautal zwischen Krems und Melk, wachsen köstlich aromatische Marillen, also Aprikosen, die fast ausschließlich zu Marillenbranntwein und Marillenlikör verarbeitet werden.

1500 g vollreife Marillen/Aprikosen, entsteint gewogen · 10 Marillensteine · 25 g Mandeln · ¼ Zimtstange · 6 Gewürznelken · 250 g Zucker · ½ l Marillenbranntwein · ½ l Wodka

- Reifezeit: 2 Monate
- Haltbarkeit: 6 Monate

So wird's gemacht: Die Marillen waschen, abtrocknen und entsteinen. Dann in eine Schüssel geben und grob zerstampfen. Die Marillensteine mit dem Nußknacker öffnen und die Kerne herausnehmen. Zusammen mit den Mandeln, dem Zimt und den Gewürznelken im Mörser zerstoßen. Dann mit dem Zucker unter die Marillen mischen und alles zugedeckt 4–6 Stunden stehenlassen, bis der Zucker sich aufgelöst hat. Dabei hin und wieder umrühren. • Die Mischung in eine große, bauchige Flasche füllen, mit dem Marillenbranntwein und dem Wodka aufgießen und gut verschlossen an einem sonnigen Platz 1 Monat reifen lassen. • Den Ansatz durch ein Haarsieb gießen und dabei die Früchte kräftig ausdrücken. Wieder zurück in die Flasche geben und gut verschlossen nochmals 1 Monat hell, jedoch nicht in der prallen Sonne stehenlassen. • Den Likör dann durch einen Kaffeefilter gießen und in beliebige Flaschen oder Karaffen füllen.

Serviervorschlag: Seines feinen Aromas wegen sollte man diesen Likör am besten pur genießen. Oder man mischt 2 Teile Marillenlikör mit 2 Teilen Gin und einigen Tropfen Campari: Das ergibt einen bitter-fruchtigen Cocktail, der sowohl als Aperitif, wie auch als »After-dinner-drink« geeignet ist.

◁ Den Lavendel für diesen exquisiten »Lavendellikör« kann man, wenn man ihn nicht aus dem Urlaub im Süden mitbringt, im Balkonkasten oder im Garten selbst ziehen. Die Zubereitung des Likörs ist interessant, und man hat nach langer Wartezeit einen guten Tropfen im Haus, mit dem man sogar feine Bratensaucen delikat würzen kann. Rezept Seite 51.

Kirsch-Himbeer-Likör

1 kg dunkle Sauerkirschen · 1 kg dunkle Süßkirschen · 500 g vollreife Himbeeren · 400 g weißer Kandiszucker · ½ Zimtstange · 3 Stück Sternanis · 2 l Wodka

- Reifezeit: 10–11 Wochen
- Haltbarkeit: 4 Monate

So wird's gemacht: Die Sauerkirschen, die Süßkirschen und die Himbeeren waschen und gründlich abtropfen lassen. Die Himbeeren, wenn nötig, entkelchen, mit einer Gabel zerdrükken und in eine große, bauchige Flasche oder ein verschließbares Glasgefäß füllen. Die Kirschen entstielen und über einer Schüssel entsteinen, dabei den Saft auffangen. Die Kirschen im Mixer grob zerkleinern oder mit einem Mörserstößel zerdrücken. 20 Kirschsteine zusammen mit dem Kandiszucker zwischen zwei Blätter Pergamentpapier oder in einen stabilen Gefrierbeutel geben und mit einem Hammer zerschlagen. Die Zimtstange zweimal brechen und zusammen mit den

Kirschen, den Kernen, dem Zucker, dem Sternanis und dem aufgefangenen Saft zu den Himbeeren geben. Über Nacht zugedeckt an einem kühlen Platz stehenlassen, damit sich der Zucker ganz auflösen kann. • Am nächsten Tag den Wodka angießen, die Flasche oder das Gefäß fest schließen und den Likör an einem hellen Platz, jedoch nicht in der prallen Sonne 7–8 Wochen reifen lassen. • Den Likör durch ein Haarsieb und anschließend durch einen Kaffeefilter abseihen, in beliebige Flaschen füllen und 3 Wochen bei Zimmertemperatur nachreifen lassen.

Serviervorschlag: Der Likör schmeckt pur nach dem Essen oder als Aperitif mit trockenem Sekt oder Weißwein aufgefüllt besonders gut. Er eignet sich hervorragend zum Verfeinern von feinen Cremespeisen und Eisdesserts. Außerdem lassen sich dunkle Bratensaucen mit ihm abrunden.

Variante: Einen herberen, aber sehr aromatischen Likör bekommen Sie, wenn Sie auf den Zucker ganz oder teilweise verzichten und ein paar Kirschkerne mehr hineingeben.

Brombeer-Sherry-Likör

Brombeerlikör auf spanische Art können Sie sowohl mit Garten- als auch mit Waldbrombeeren zubereiten. Wichtig ist nur, daß die Früchte vollreif sind.

500 g Brombeeren · 250 g feiner Zucker · 1 Flasche halbtrockener Sherry (Amontillado) · ⅛ l spanischer Weinbrand

- Reifezeit: 5 Wochen
- Haltbarkeit: 3 Monate

So wird's gemacht: Die Brombeeren vorsichtig waschen, abtropfen lassen, auf eine dicke Lage Haushaltspapier legen und trockentupfen. Lagenweise mit dem Zucker in eine Schüssel schichten und leicht stampfen. Dann stehenlassen, bis der Zucker sich ganz aufgelöst hat. Die Mischung in eine große, bauchige Flasche füllen und mit dem Sherry auffüllen. • Die Flasche verschließen und den Ansatz 1 Woche lang an einem kühlen, dunklen Platz, jedoch nicht im Kühlschrank durchziehen lassen. Dabei häufig schütteln. • Erst dann den Weinbrand angießen und den Likör kühl und dunkel nochmals 1 Monat reifen lassen. Durch ein mit einem Mulltuch ausgekleidetes Sieb abseihen und in beliebige Flaschen oder Karaffen füllen.

Serviervorschlag: Diesen Likör sollte man grundsätzlich nur pur genießen, er kann leicht gekühlt werden.

Schwarzwälder Johannisbeerschnaps

Bild Umschlag-Rückseite oben mitte

Dieser Likör stammt von einem jungen Gastronomen aus dem Nordschwarzwald, der dort eine eigenwillige, aber sehr reizvolle Naturkostküche betreibt. Alle seine Liköre und Beerenweine, die er seinen Gästen kredenzt, sind hausgemacht.

1 kg schwarze Johannisbeeren (entstielt gewogen) · 1 kg brauner Kandiszucker · 3 Gewürznelken · 2½ Zimtstangen · 2 l klarer Apfelbranntwein

- Reifezeit: 4 Monate
- Haltbarkeit: 6 Monate

So wird's gemacht: Die Johannisbeeren waschen und gründlich abtropfen lassen. Großen Kandiszucker zwischen zwei Blätter Pergamentpapier legen oder in einen Gefrierbeutel geben und mit dem Hammer zerkleinern. Das Fruchtfleisch und den Kandiszucker in eine große, bauchige Flasche füllen und über Nacht stehenlassen, damit der Zucker sich auflösen kann. • Am nächsten Tag die Gewürznelken und die zweimal gebrochenen Zimtstangen hinzufügen und den Apfelbranntwein angießen. Die Flasche sollte nun möglichst ganz gefüllt sein. • Die Flasche gut verschließen und etwa 4 Monate lang an einen warmen, sonnigen Ort stellen. • Den Likör durch ein Haarsieb abgießen, dabei die Beeren kräftig ausdrücken, damit recht viel Fruchtfleisch im Likör bleibt. In kleine Flaschen oder Karaffen abfüllen und nicht zu hell stellen.

Serviervorschlag: Der Likör kann pur oder auf Eis getrunken werden. Im Verhältnis 1 zu 2 mit einem trockenen Weißwein oder Sekt gemischt schmeckt er als Aperitif.

Variante: Für den Ansatz nur 750 g schwarze und zusätzlich noch 500 g rote Johannisbeeren verwenden. Dann schmeckt der Likör angenehm säuerlich.

Doppelkirsch

Für diesen Likör braucht man sowohl Sauerkirschen als auch Sauerkirschsaft, den Saft allerdings erst 3 Wochen später. Entweder mischt man eine frühe und eine späte Sorte, oder man verwendet ungesüßten Kirschsaft aus dem Reformhaus. Besonders gut aber schmeckt der Likör, wenn man die gleiche Kirschsorte hat, das bedeutet, daß der Saft zunächst einmal eingefroren wird.

2 kg vollreife Sauerkirschen · 250 g Zucker · 1 Vanilleschote · 1 Zimtstange · ½ l Alkohol (96 Vol.-%) · ¼ l Kirschwasser oder Himbeergeist

- Reifezeit: 6 Wochen
- Haltbarkeit: 6–8 Wochen

So wird's gemacht: Die Sauerkirschen gründlich waschen, gut abtropfen lassen und entstielen. 1 kg Kirschen über einer Schüssel entsteinen und den Saft auffangen. Die Kirschen mit dem Zukker in einen Entsafter geben und nach Anweisung entsaften. (Oder man entsaftet im Schnellkochtopf nach der jeweiligen Gebrauchsanweisung.) Den so gewonnenen Saft mit dem aufgefangenen Saft vermischen und einfrieren. • Die übrigen Kirschen nicht entsteinen, aber grob zerstampfen. In eine bauchige Flasche füllen. Die Vanilleschote längs aufschlitzen, die Zimtstange zweimal brechen. Beides zu den Kirschen geben. Mit dem Alkohol aufgießen. • Den Ansatz gut verschlossen 3 Wochen an einem sonnigen Platz reifen lassen. Dabei hin und wieder rütteln. • Dann den Kirschsaft auftauen lassen. Die Kirschen durch ein Haarsieb gießen und die Früchte dabei kräftig ausdrücken. Den Ansatz mit dem Kirschsaft und dem Kirschwasser oder Himbeergeist vermischen. • Den Likör in beliebige Flaschen füllen, gut verkorken und nochmals 3 Wochen bei Zimmertemperatur, aber nicht in der prallen Sonne nachreifen lassen.

Serviervorschlag: Doppelkirsch schmeckt zu Kaffee oder Mokka. Nicht zu starker schwarzer Tee läßt sich gut damit verfeinern. Der Likör kann über Eisdesserts und Cremespeisen gegossen werden und rundet feine Schmorbraten oder Wildbratensaucen ab.

Mein Tip Beim Durchdrücken der Kirschen gelangt etwas Fruchtfleisch in den Likör, das sich später am Boden absetzt. Den Likör darum vor dem Einschenken immer nochmals durchschwenken.

Mandarinenlikör

Bild Seite 27

500 g unbehandelte Mandarinen · 250 g Zucker · 1 Vanilleschote · 1 Teel. gemahlener Kaffee · 1 Flasche (0,7 l) Wodka

- Reifezeit: 3 Monate
- Haltbarkeit: 6 Monate

So wird's gemacht: Die Mandarinen unter heißem Wasser waschen, gründlich abtrocknen und die Schale so dünn wie möglich abschälen. Es sollten keine weißen Hautteile daran bleiben. Die Schalen in schmale Streifen schneiden und in eine Schüssel geben. Von den Früchten die weißen Schalenteile entfernen, die Früchte in die einzelnen Segmente teilen und zu den Schalen geben. Mit dem Zucker bestreuen. Die Vanilleschote längs aufschlitzen und das Mark herauskratzen. (Die Vanilleschote anderweitig verwenden.) Das Vanillemark und den Kaffee zu den Mandarinen geben. Alles mit einem Stampfer leicht zermusen und so lange stehenlassen, bis der Zucker sich ganz aufgelöst hat. Die Mischung nun in eine große, bauchige Flasche oder ein gut schließendes Glasgefäß geben und den Wodka angießen. • Den Ansatz dunkel, aber nicht zu kühl 3 Monate reifen lassen. Dabei hin und wieder kräftig schütteln. • Den Likör durch ein feines Haarsieb abseihen und abfüllen.

Serviervorschlag: Der Likör schmeckt pur oder auf Eis. Im Sommer sollte man ihn mit Mineralwasser, Tonic Water oder Bitter Lemon mischen und als Erfrischungsdrink reichen.

Variante: Ebenso kann Likör aus Orangen und Zitronen zubereitet werden. Bei Zitronen sollte man jedoch auf den Kaffee verzichten und statt dessen ½ Teelöffel Korianderkörner mit in den Ansatz geben.

Andalusischer Orangenlikör

12 spanische unbehandelte Orangen · 1 l Alkohol (96 Vol.-%) · 10 Pimentkörner · 800 g Zucker · 1,2 l Wasser

Reifezeit: 20 Tage
Haltbarkeit: 4–5 Monate

So wird's gemacht: Die Orangen heiß waschen, gut abtrocknen und sehr dünn schälen. An der Schale soll keine weiße Innenhaut sein. (Das Fruchtfleisch anderweitig verwenden.) Die Schalen in eine bauchige Flasche geben, mit Alkohol übergießen und die Pimentkörner hinzufügen. • Die Flasche gut verschließen und den Ansatz bei Zimmertemperatur, jedoch nicht in der prallen Sonne 8 Tage reifen lassen. Die Flasche dabei hin und wieder rütteln. • 400 g Zucker mit 0,6 l Wasser sprudelnd aufkochen und 10 Minuten sanft köcheln lassen. Den Zuckersirup etwas abkühlen lassen und dann mit dem Ansatz vermischen. Den Likör gut verschließen und nochmals 4 Tage lang reifen lassen • Dann den restlichen Zucker mit dem restlichen Wasser sprudelnd aufkochen und 10 Minuten leise köcheln lassen. Den Sirup etwas abkühlen lassen und in den Ansatz rühren. • Den Likör nochmals gut verschließen und weitere 8 Tage lang »reifen« lassen. • Dann durch ein mit einem Mulltuch ausgekleidetes Sieb abseihen und in beliebige Flaschen oder Karaffen füllen.

Serviervorschlag: Der Likör schmeckt pur oder auf Eis besonders gut. Er eignet sich auch vorzüglich zum Mixen von Cocktails.

Liköre von besonderer Art

In diesem Kapitel habe ich alle die sahnigen, honigsüßen und auch dekorativen Liköre zusammengefaßt. Hier finden Sie den allgemein beliebten Eierlikör ebenso wie den berühmten Bärenfang aus Ostpreußen, den Rosenlikör und köstliche Mandel- und Nußliköre.

Tequila-Nuß-Likör

Der Reiz dieses Tropfens besteht in erster Linie darin, daß er mit Tequila zubereitet wird. Tequila ist das Lieblingsgetränk von Millionen Mexikanern. Er wird aus dem Saft einer Agavenart gewonnen. Dazu werden die der Ananas ähnlichen Früchte der Agaven zerkleinert und mit Hilfe von Dampf entsaftet. Diesen Saft, Aguamil (Honigwasser) genannt, läßt man gären und brennt ihn später. Tequila hat meist einen Alkoholgehalt von 50 Prozent.

500 g grüne Walnüsse (im Juli gepflückt) · 1½ l Tequila · 1 Zimtstange · 5 Gewürznelken · 10 Korianderkörner · 5 Kardamomkapseln · 500 g Zucker · ¼ l Wasser

- Reifezeit: 24–26 Tage
- Haltbarkeit: 8 Monate

So wird's gemacht: Die Nüsse gründlich waschen, abtrocknen und grob zerschneiden. Mit dem Tequila in eine große, bauchige Flasche füllen und gut verschlossen 2 Wochen in die pralle Sonne stellen. (Sollte das Wetter schlecht sein, empfiehlt es sich, die Reifezeit um 1–2 Wochen zu verlängern.) • Den Ansatz durch ein Haarsieb laufen lassen. Die Zimtstange, die Gewürznelken, die Korianderkörner und die Kardamomkapseln im Mörser zerstoßen und in die Flasche geben. Den Tequila dazugeben, die Flasche verschließen und nochmals 8–10 Tage (je nach Wetter) in die Sonne stellen. • Dann durch ein mit einem Mulltuch ausgekleidetes Sieb seihen. Den Zucker und das Wasser in einem Topf bei starker Hitze aufkochen und 10 Minuten bei schwacher Hitze nur eben simmern lassen. Nach dem Abkühlen mit dem Filtrat vermischen, wieder in die Flasche füllen und gut verschlossen 2 Tage reifen lassen. • Den Likör durch einen Kaffeefilter ablaufen lassen und in kleine Flaschen oder Karaffen füllen.

Serviervorschlag: Man kann den Likör pur oder auf Eis genießen oder zum Mixen wie Rum verwenden.

Französischer Nußlikör

Für diesen Likör brauchen Sie junge Walnüsse, die möglichst Anfang Juli gepflückt werden sollen, wenn sich noch keine holzige Innenschale gebildet hat und der Kern noch ganz weich ist.

15 grüne Walnüsse (im Juli gepflückt) · 1 unbehandelte Orange · 2 l trockener Rotwein · 400 g Zucker · 1 Flasche (0,7 l) Cognac

- Reifezeit: 2 Monate
- Haltbarkeit: 3 Monate

So wird's gemacht: Die Walnüsse gründlich waschen und abtrocknen. Dann in kleine Stücke schneiden. Die Orange heiß waschen, gründlich abtrocknen und mit der Schale in Scheiben schneiden; wenn nötig entkernen. Die Nüsse, die Orangenscheiben, den Rotwein und den Zucker abwechselnd in ein großes, verschließbares Glasgefäß geben. Erst ganz zum Schluß den Cognac darübergießen. • Das Gefäß gut verschließen und den Likör an einem sonnigen Platz 2 Monate durchziehen lassen; dabei häufig schütteln. • Den Likör durch ein mit einem Mulltuch ausgekleidetes Sieb abseihen und in beliebige Flaschen füllen. Dunkel und kühl, jedoch nicht im Kühlschrank aufbewahren.

Serviervorschlag: Den Likör pur oder auf Eis als Aperitif genießen.

Mandel-Holunder-Likör

100 g ungeschälte Mandeln · ½ l Rum (54 Vol.-%) · ½ Vanilleschote · 0,7 l ungesüßter Holundersaft · 200 g Zucker

- Reifezeit: 2 Monate
- Haltbarkeit: 2–3 Monate

So wird's gemacht: Die Mandeln durch die Mandelmühle drehen oder im Mixer zerkleinern. In ein gut schließendes Schraubglas geben und mit dem Rum übergießen. • Das Glas verschließen und den Ansatz an einem dunklen, aber nicht zu kühlen Platz, zum Beispiel in der Speisekammer 2 Monate reifen lassen. • Dann durch einen Kaffeefilter ablaufen lassen. Die Vanilleschote aufschlitzen und das Mark herausschaben. Den Holundersaft in einem Topf mit dem Zucker und dem Vanillemark mischen und unter Rühren so lange erwärmen, bis der Zucker sich aufgelöst hat. Den Holundersaft und den Rum vermischen und in beliebige Flaschen füllen. Bei Zimmertemperatur, aber nicht zu hell aufbewahren.

Mein Tip Es gibt gesüßten und ungesüßten Holundersaft (im Reformhaus) zu kaufen. Wenn Sie gesüßten Saft verwenden, nehmen Sie zunächst nur 125 g Zucker. Sie können dann beliebig nachsüßen. – Wenn Sie den Holundersaft aus selbst gepflückten Beeren zubereiten wollen, benötigen Sie etwa 1500 g Früchte. Die Holunderbeeren samt Dolden vom Strauch abschneiden, gründlich waschen und auf Haushaltspapier abtrocknen. Die harten Stiele abschneiden und die Beeren im Entsafter nach Vorschrift entsaften.

Serviervorschlag: Dieser herbe Likör wird am besten pur nach dem Essen genossen.

Mandellikör

Bild Seite 48

250 g grüne Mandeln (im guten Obstfachgeschäft bestellen) · 50 g geschälte Mandeln · 250 g brauner Kandiszucker · ¼ l Wasser · 1 l Cognac oder sehr guter Weinbrand · 1 Zimtstange · 3 Stück Sternanis · 5 Tropfen Bittermandelaroma

- Reifezeit: 1 Monat
- Haltbarkeit: 9 Monate

So wird's gemacht: Die grünen Mandeln gründlich waschen, abtrocknen und in kleine Stücke schneiden. Die geschälten Mandeln in einem Mörser grob zerstoßen. Den Kandiszucker mit dem Wasser in einem Topf aufkochen, bis sich der Zucker ganz aufgelöst hat. Dann die grünen und die geschälten Mandeln hineingeben und alles unter Rühren so lange kochen, bis sich die Flüssigkeit um fast die Hälfte reduziert hat. Das dauert etwa 15 Minuten. Die Mandelmasse abkühlen lassen, dann in eine große, bauchige Flasche geben. Mit dem Cognac auffüllen und die Zimtstange, den Sternanis und das Bittermandelaroma hinzufügen. • Die Flasche gut verschließen und 1 Monat an einen warmen, sonnigen Platz stellen. Hin und wieder schütteln. Den Likör dann durch ein mit einem Mulltuch ausgekleidetes Sieb gießen und in kleine Flaschen oder Karaffen füllen.

Serviervorschlag: Mandellikör schmeckt pur zu Tee und Kaffee. Man kann damit aber auch Eisdesserts und vor allem Obstsalate verfeinern.

Variante: Statt der grünen Mandeln noch grüne, also im Juli gepflückte Walnüsse verwenden und 100 g geschälte Mandeln dazugeben; auf das Bittermandelaroma verzichten.

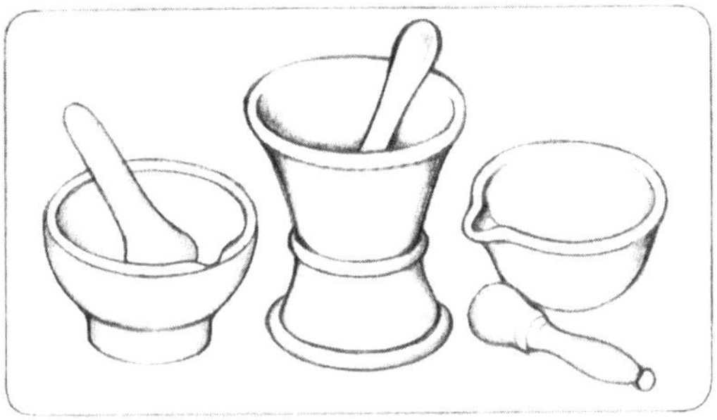

Für das Zerkleinern von Mandeln oder Gewürzkörnern leisten Mörser gute Dienste. Die zerstoßenen Zutaten schmecken besonders frisch und intensiv.

Likör von Pecannüssen

Bild Seite 37

Das Rezept für diesen Likör habe ich von einer deutschstämmigen Amerikanerin. Es ist zu vermuten, daß das Rezept ursprünglich aus Deutschland stammt und daß die Pecannüsse in der Neuen Welt an die Stelle der Walnüsse getreten sind.

250 g Pecannüsse; ersatzweise Walnüsse · 2 l lieblicher Weißwein (Moselwein) · 300 g Zucker · ½ Vanilleschote · ¼ Zimtstange · ½ l klarer Schnaps; am besten Obstbranntwein oder Tresterschnaps

- Reifezeit: 1 Monat
- Haltbarkeit: 3 Monate

So wird's gemacht: Die Nüsse im Mixer grob zerkleinern. Den Wein mit dem Zucker in einem Topf vermischen. Die Vanilleschote aufschlitzen und mit dem Zimt hinzufügen. Die Mischung so lange erwärmen, bis der Zucker sich ganz aufgelöst hat. Dann unter Rühren etwas abkühlen lassen und mit den Pecannüssen in eine große, bauchige Flasche füllen. • Die Flasche verschließen und über Nacht an einen kühlen Platz stellen. • Am nächsten Tag den Schnaps dazugießen. Die Flasche wieder verschließen und den Likör 1 Monat an einem kühlen Platz, jedoch nicht im Kühlschrank reifen lassen. Dann durch einen Kaffeefilter abseihen und in beliebige Flaschen füllen. Dunkel aufbewahren.

Serviervorschlag: Der Likör schmeckt pur nach dem Essen gut. Man kann ihn im Verhältnis 1 zu 1 mit einem trockenen Weißwein mischen und als Aperitif reichen.

Teelikör

1 gehäufter Teel. Darjeeling Orange Pekoe · 1 gehäufter Teel. Assam Orange Pekoe · 1 Teel. Korianderkörner · 1 Teel. Kardamomkörner · ½ Teel. Anissamen · 150 g feiner Zucker · 1 Flasche (0,7 l) Wodka

- Reifezeit: 4–5 Wochen
- Haltbarkeit: 1 Jahr

So wird's gemacht: Den Tee und die Gewürze in den Mixer geben und fein pulverisieren. Abwechselnd mit dem Zucker in eine bauchige Flasche füllen und mit Wodka aufgießen. • Die Flasche gut verschließen und den Ansatz an einem warmen, aber nicht zu hellen Platz 4–5 Wochen reifen lassen. Dabei hin und wieder rütteln. • Wenn der Zucker sich ganz aufgelöst hat, wird der Likör durch ein mit einem Mulltuch ausgekleidetes Sieb abgegossen und in beliebige Flaschen gefüllt.

Serviervorschlag: Auf Eis schmeckt der Teelikör als Aperitif, pur als Verdauungsschluck nach dem Essen.

Eiercognac nach Großmutters Art

Bild nebenstehend

Selbst in den allerschlechtesten Zeiten schaffte meine Großmutter es irgendwie, in der Adventszeit reinen Alkohol und frische Eier aufzutreiben, um daraus ihren berühmten »Eiercognac« zu bereiten. Als sich die Zeiten endlich besserten, konnte sie ihn zur Freude aller wieder stilecht mit richtigem Cognac bereiten.

10 Eigelbe · 200 g Puderzucker ·
¼ l Sahne · ½ l Cognac; ersatzweise Weinbrand

- Reifezeit: 2 Tage
- Haltbarkeit: etwa 4 Wochen

So wird's gemacht: Die Eigelbe mit dem Puderzucker in einer Metallschüssel verrühren, dann langsam die Sahne einlaufen lassen und unterrühren. Die Schüssel in ein mäßig warmes Wasserbad stellen und die Mischung (mit dem Schneebesen oder dem Handrührgerät auf niedrigster Stufe) so lange rühren, bis sie dickcremig geworden ist. Die Schüssel in ein Eiswasserbad stellen und die Grundmischung so lange weiterrühren, bis sie ganz abgekühlt ist. Die Schüssel aus dem Wasserbad nehmen, den Cognac in einem dünnen Strahl einlaufen lassen und unterrühren. Der Likör ist nun ganz schaumig. • Nach und nach in vorbereitete Flaschen oder Karaffen füllen. Dabei immer warten, bis sich der Schaum gesetzt hat; dann Likör nachgießen, bis die Flaschen ganz voll sind. Den Likör 2 Tage lang reifen lassen; dann kann er genossen werden. • Den Likör kühl und dunkel aufbewahren. Wenn die Flaschen angebrochen sind, sollte er rasch verbraucht werden. Vor dem Servieren stets schütteln oder umrühren.

Serviervorschlag: Eiercognac schmeckt vor allem als Sologetränk zum Kaffee, eignet sich aber auch ganz hervorragend zum Verfeinern von Eis, Obstsalaten und Schokoladendesserts.

Für den »Eiercognac nach Großmutters Art« werden ▷ zunächst Eigelbe, Puderzucker und Sahne verschlagen. Diese Eigelb-Sahne kommt in ein warmes Wasserbad und wird mit dem Handmixer cremig gerührt. Anschließend kühlt man das Ganze im Eiswasserbad unter Rühren ab. Im nachfolgenden Arbeitsgang gießt man Cognac hinzu und erhält so einen schaumigen Likör. Zuletzt füllt man ihn in vorbereitete Flaschen und läßt ihn zwei Tage gut verschlossen reifen. Rezept auf dieser Seite.

Eierlikör mit Whisky

Bild Umschlag-Vorderseite vorne

Um die Weihnachtszeit bleiben beim Backen von Zimtsternen und Makronen immer viele Eigelbe übrig, die man am besten zu einem feinen Eierlikör verarbeiten sollte. Dieser Eierlikör benötigt keine Reifezeit.

10 Eigelbe · ½ Vanilleschote · 1 Messerspitze Zimtpulver · 200 g Zucker · ¼ l Sahne · ½ l Whisky

- Haltbarkeit: etwa 5 Wochen

So wird's gemacht: Die Eigelbe sorgfältig von den anhängenden Eiweißfäden befreien und in eine Edelstahlschüssel geben. Die Vanilleschote aufschlitzen und das Mark herausschaben. Das Vanillemark, den Zimt und den Zucker mit den Eigelben verrühren. Die Schüssel in ein mäßig warmes Wasserbad stellen und die Eimasse so lange schlagen, bis der Zucker sich ganz aufgelöst hat. Dabei nach und nach die Sahne einlaufen lassen und alles weiterschlagen, bis die Masse dick und cremig ist. Die Schüssel dann in ein kaltes Wasserbad stellen und die Mischung weiter schlagen, bis sie abgekühlt ist. Erst dann langsam den Whisky einlaufen lassen und unterschlagen. Der Likör ist nun ganz schaumig. • Nach und nach in vorbereitete Flaschen oder Karaffen gießen. Dabei stets warten, bis der Schaum sich gesetzt hat, bevor neuer Likör nachgegossen wird. Den Likör im Kühlschrank aufbewahren und vor dem Servieren stets umrühren oder schütteln. Angebrochene Flaschen rasch verbrauchen.

Serviervorschlag: als Sologetränk reichen oder zum Verfeinern von Früchten und Desserts aller Art verwenden.

Variante: Statt mit Whisky kann man den Likör auch mit Wodka oder – ganz besonders fein – mit altem Calvados zubereiten.

◁ Für alle, die gerne nicht alltägliche Zutaten ausprobieren, ist dieser »Mandellikör« genau das Richtige. Grüne – also unreife – Mandeln, Sternanis, Zimt und Bittermandelaroma geben diesem Likör seinen feinen Geschmack. Die grünen Mandeln erhält man auf Bestellung im Gemüsefachgeschäft. Rezept Seite 44.

Vanille-Sahne-Likör

2 Vanilleschoten · ½ l Sahne · 100 g gemahlene Mandeln · 3 Eigelbe · 125 g Zucker · ¾ l milder Obstbranntwein (35 Vol.-%)

- Reifezeit: 1 Woche
- Haltbarkeit: 4–6 Wochen

So wird's gemacht: Die Vanilleschoten mit einem spitzen, scharfen Messer aufschlitzen, das Mark herausschaben und in ein Schälchen geben. Mit Folie bedeckt beiseite stellen. Die Sahne mit den Schoten und den Mandeln aufkochen, vom Herd nehmen und noch 10 Minuten ziehen lassen. Die Schoten dann entfernen. Ein Sieb mit einem Mulltuch auskleiden, die Sahne-Mandel-Mischung durchseihen und kräftig ausdrücken. Die Eigelbe mit dem Zucker dickschaumig aufschlagen, bis der Zucker sich ganz aufgelöst hat. Die Mandelsahne in einem dünnen Strahl einlaufen lassen; dabei ständig rühren. Das Vanillemark hinzufügen und langsam den Obstbranntwein einrühren. • Den Likör in kleine Flaschen oder Karaffen füllen und etwa 1 Woche an einem kühlen, dunklen Platz, jedoch nicht im Kühlschrank reifen lassen. Dann kann er sofort genossen werden. Den angebrochenen Likör nun im Kühlschrank aufbewahren und vor dem Servieren jedesmal schütteln oder umrühren.

Serviervorschlag: Dieser Likör schmeckt besonders gut zum Kaffee nach einem festlichen Menü. Er eignet sich hervorragend zum Verfeinern von Schokoladeneis, Schokoladencremespeisen und zu Nuß- oder Schokoladenpuddings.

Variante: Statt eines Obstbranntweins kann man auch Wodka verwenden. Der Likör wird dadurch etwas »spritiger« im Geschmack, hält sich aber 8–10 Wochen.

Avocadolikör

Eigentlich gehört dieser Likör zu den mit Früchten bereiteten »Tropfen«. Weil er aber als Vorläufer des Eierlikörs gilt, habe ich ihn hier untergebracht. Die Fama sagt, daß Indianer im Amazonasgebiet den von den Europäern mitgebrachten Branntwein mit Avocadomus zu einer süßen Flüssigkeit vermischten. Vor allem die Holländer waren von dem Ergebnis so angetan, daß sie zu Hause etwas Ähnliches bereiten wollten. In Ermangelung von Avocados nahmen sie Eigelb und nannten den Likör dann »Advokaat«, wie auch heute noch ein bekannter Eierlikör heißt.

2 große reife Avocados · 1 Vanilleschote · 200 g Zucker · 1 gestrichener Teel. Pulverkaffee · 1 l weißer Rum (54 Vol.-%)

• Haltbarkeit: etwa 2 Monate

So wird's gemacht: Die Avocados halbieren und den Kern herauslösen. Das Fruchtfleisch herausschaben. Die Vanilleschote mit einem spitzen Messer aufschlitzen und das Mark herauslösen. Das Vanillemark mit dem Zucker zum Avocadomus geben. Alles mit dem Handmixer pürieren, bis sich der Zucker völlig aufgelöst hat. Erst

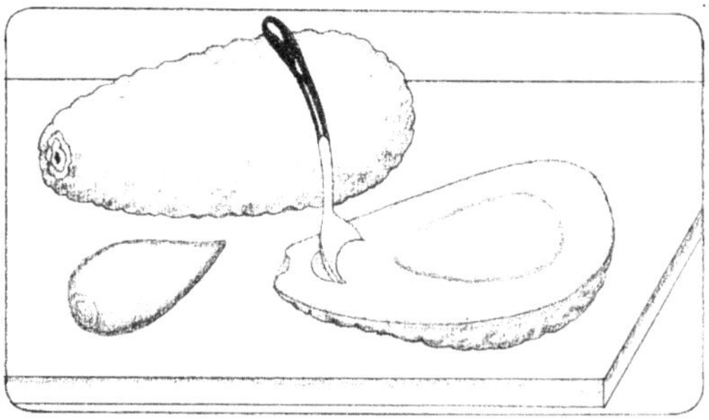

Die Avocado halbieren und den Kern herauslösen; dann läßt sich das Fruchtfleisch mit dem Teelöffel leicht herausheben.

dann den Pulverkaffee hinzufügen und den Rum in einem dünnen Strahl einlaufen lassen. Dabei sollte so rasch wie möglich gearbeitet werden, damit das Fruchtfleisch sich nicht verfärbt. • Den Likör in Flaschen mit weitem Hals füllen, gut verschließen und im Kühlschrank aufbewahren. Er kann sofort genossen werden.

Serviervorschlag: den Likör ausschließlich pur genießen.

Lavendellikör

Bild Seite 38

Für diesen Likör kann man sowohl frische wie auch getrocknete Blüten verwenden. Sie können also getrost den aus dem Süden mitgebrachten Lavendel statt in den Wäscheschrank in eine Likörflasche wandern lassen. Auch getrocknete Lavendelblüten aus der Apotheke sind geeignet. Wenn Sie aber einen eigenen Garten oder einen sonnigen Balkon haben, sollten Sie etwas Lavendel anbauen. Er wächst an sonnigen Stellen sehr gut und ist extrem »pflegeleicht«.

Etwa 50 Stengel Lavendel · 2 l klarer Obstbranntwein (am besten Apfelschnaps) · 1250 g brauner Zucker · 4 Vanilleschoten · 3 Gewürznelken

- Reifezeit: 6-9 Monate
- Haltbarkeit: 1 Jahr

So wird's gemacht: Die Lavendelstengel bündeln, in eine große Ballonflasche hängen und am Flaschenhals festbinden. Den Obstbranntwein und den Zucker hineingeben. Die Vanilleschoten längs aufschneiden und das Mark herausschaben. Das Mark und die Schoten zusammen in die Flasche geben und die leicht zerdrückten Gewürznelken hinzufügen. • Die Flasche gut schließen und den Ansatz an einen hellen Platz, jedoch nicht in die pralle Sonne stellen. Mindestens 6, besser noch 9 Monate reifen lassen. Die Flasche dabei immer wieder rütteln. • Den Likör durch ein Sieb, dann durch einen Kaffeefilter abseihen. In kleine Flaschen oder Karaffen füllen.

Serviervorschlag: Den Likör als Verdauungsschlückchen nach einem fetten Braten reichen. Man kann damit auch Saucen von Wild-, Lamm- oder Hammelbraten verfeinern.

Mein Tip Wenn Sie getrocknete Blüten verwenden, geben Sie sie zusammen mit dem ausgeschabten Vanillemark, den kleingeschnittenen Schoten und den leicht zerdrückten Nelken in ein Mullsäckchen, das in die Gärflasche gehängt wird. Dann brauchen Sie den fertigen Likör nur einmal zu filtern.

Hollerblütenlikör

Anfang bis Mitte Juni, wenn die Holunderblüten ganz aufgegangen sind, sollten Sie sie ansetzen. Geschlossene Blüten entfalten nicht das ganze Aroma.

100 g Holunderblüten (ohne Stiele gewogen) · 5 unbehandelte Zitronen · 500 g Zucker · ¾ l geschmacksneutrales Wasser · 2 Flaschen (je 0,7 l) Obstbranntwein

- Reifezeit: 1 Woche
- Haltbarkeit: 3-4 Wochen

So wird's gemacht: Die Blüten (noch mit den Stielen) vorsichtig in reichlich kaltem Wasser schwenken, damit eventuell vorhandenes Getier ausgeschwemmt wird. Mit der Blütenseite nach unten auf eine dicke Lage Haushaltspapier legen und abtrocknen lassen. Erst dann die harten Mittelstiele abschneiden. 3 Zitronen auspressen. Die beiden übrigen Früchte heiß waschen, gründlich abtrocknen und in Scheiben schneiden. Die Blüten und die Zitronenscheiben abwechselnd in ein großes Glas- oder Steingutgefäß schichten. Den Zucker in dem Wasser auflösen und zusammen mit dem Zitronensaft in das Gefäß gießen. • Mit Pergamentpapier und Alufolie verschließen.

Den Ansatz an einem dunklen Ort, am besten in der Speisekammer oder im Keller 1 Woche lang durchziehen lassen; dann durch ein mit einem Mulltuch ausgekleidetes Sieb abgießen. Mit dem Obstbranntwein vermischen und in beliebige Flaschen oder Karaffen füllen. Kühl und dunkel, am besten im Kühlschrank aufbewahren.

Serviervorschlag: Der Likör schmeckt pur oder auf Eis sehr gut. Man kann ihn auch mit trockenem Sekt oder trockenem Weißwein auffüllen.

Mein Tip Sie können auch nur den durchgesiebten Ansatz kühl stellen (er hält sich etwa 6 Wochen) und je nach Bedarf mit Mineralwasser, Sekt oder Obstbranntwein auffüllen.

Variante: Statt Holunderblüten können Sie auch Löwenzahnblüten verwenden. Sie sollten in jedem Fall ganz geöffnet sein und müssen ebenfalls gründlich in Wasser geschwenkt werden.

Honig-Birnen-Likör

6 vollreife Williamsbirnen · ¼ l Alkohol (96 Vol.-%) · 250 g fester Blütenhonig · 250 g brauner Kandiszucker · 1 l Wasser · ½ Vanilleschote · ½ l Williamsgeist

- Reifezeit: 9 Wochen
- Haltbarkeit: 6 Monate

So wird's gemacht: Die Birnen waschen, abtrocknen und ungeschält vierteln. Von Blüten-, Stengelansätzen und Kerngehäusen befreien und in eine große, bauchige Flasche geben. Mit dem Alkohol übergießen und gut verschlossen 24 Stunden lang stehenlassen. • Am nächsten Tag den Honig, den Kandiszucker und das Wasser in einem Topf vermischen und bei schwacher Hitze unter Rühren langsam auflösen. Diese Mischung über die Birnen gießen. Die Vanilleschote aufschlitzen und dazugeben. • Den Ansatz wieder verschließen und 3 Wochen an einem sonnigen Platz reifen lassen. • Dann durch ein Haarsieb gießen und mit dem Williamsgeist vermischen. In beliebige Flaschen geben, gut verschließen und nochmals 6 Wochen reifen lassen.

Serviervorschlag: Gut gekühlt vor dem Essen als Aperitif reichen. Nach dem Essen schmeckt er am besten, wenn er Zimmertemperatur hat.

Ostpreußischer Bärenfang

Ganz echter ostpreußischer Bärenfang wurde mit reinem Alkohol zubereitet, eine Mischung, die für »ungeübte« Genießer ziemlich »niederschmetternd« sein kann. Bekömmlicher ist der Likör in jedem Fall, wenn man statt dessen Wodka verwendet.

1 unbehandelte Zitrone · 375 g feiner Blütenhonig · 1 Flasche (0,7 l) Wodka · 1 Zimtstange · ½ Vanilleschote · 4 Gewürznelken

- Reifezeit: 8–10 Tage
- Haltbarkeit: 4 Monate

So wird's gemacht: Die Zitrone heiß waschen und gut abtrocknen. Die Hälfte der Frucht hauchdünn abschälen. Den Honig in einem weiten Stiltopf unter ständigem Rühren bei schwacher Hitze langsam flüssig werden lassen. Nach und nach etwa die Hälfte des Wodkas einlaufen lassen. Den Topf vom Herd nehmen und die Mischung kalt rühren; dabei langsam den restlichen Wodka hinzufügen. Die Mischung dann mit den Gewürzen und der Zitronenschale in eine große Flasche oder in ein gut schließendes Glasgefäß geben. • Gut verschließen und 8–10 Tage bei Zimmertemperatur reifen lassen. • Den Likör durch ein mit einem Mulltuch ausgelegtes Sieb gießen und in Flaschen oder Karaffen füllen. Bei Zimmertemperatur, aber nicht zu hell aufbewahren.

Serviervorschlag: Der Likör schmeckt besonders gut zu russischem Schwarztee. Man kann ihn aber auch zum Kaffee reichen.

Rosenlikör

Für einen Rosenlikör braucht man besonders stark duftende Blüten. Sehr gut eignen sich die der sogenannten »historischen Rosen«. Diese Rosen sind oft schon viele hundert Jahre alte Züchtungen. Nachdem sie lange in Vergessenheit geraten waren, kommen sie jetzt wieder in Mode – eben weil sie so wunderbar duften.

½ l trockener Weißwein · 300 g Zucker · 150 g frische, stark duftende Rosenblätter · 1 Vanilleschote · 1 l sehr guter Weinbrand oder milder Cognac

- Reifezeit: 6 Wochen
- Haltbarkeit: 3 Monate

So wird's gemacht: Den Weißwein mit dem Zukker bei schwacher Hitze so lange erwärmen, bis sich der Zucker völlig aufgelöst hat. Inzwischen die Rosenblätter vorsichtig durch reichlich kaltes Wasser ziehen. Dann abtropfen lassen, auf eine dicke Lage Haushaltspapier legen und vorsichtig trockentupfen. Die Rosenblätter in eine große, dickbauchige Flasche oder ein verschließbares Glasgefäß geben. Die Vanilleschote längs aufschlitzen und quer halbieren. Beide Hälften in die Flasche geben. Die noch warme Zuckerlösung angießen. • Die Flasche beziehungsweise das Gefäß sehr gut verschließen und den Ansatz 24 Stunden bei Zimmertemperatur durchziehen lassen. • Am nächsten Tag den Weinbrand oder Cognac über die Rosenblätter gießen und den Likör gut verschlossen 2 Wochen reifen lassen. • Dann die Vanilleschote entfernen und den Likör gut verschlossen an einen hellen Platz, aber nicht in die pralle Sonne stellen. Nochmals 4 Wochen reifen lassen. • Den Likör zuerst durch ein Haarsieb, dann durch einen Kaffeefilter abseihen, in kleine Flaschen oder Karaffen füllen und nicht zu hell aufbewahren.

Serviervorschlag: Das feine Aroma kommt am besten zur Geltung, wenn man den Likör pur trinkt. Er eignet sich außerdem hervorragend zum Parfümieren feiner Desserts.

Kaffee-Creme-Likör

6 gehäufte Teel. Instant-Pulverkaffee · 4 cl (2 Schnapsgläser) kochendes Wasser · 10 Eigelbe · 250 g Puderzucker · einige Tropfen Vanille-Extrakt · ¼ l Sahne · 1 Flasche (0,7 l) sehr guter Weinbrand oder Cognac

- Haltbarkeit: 3 Monate

So wird's gemacht: Den Pulverkaffee mit dem kochenden Wasser übergießen und auflösen. Die Eigelbe zusammen mit dem Puderzucker in den Mixer geben und auf höchster Schaltstufe cremig aufschlagen; dabei nach und nach den Vanille-Extrakt hinzufügen. Den Mixer auf kleinste Stufe stellen und die Sahne in einem dünnen Strahl einlaufen lassen. Erst wenn alle Sahne verbraucht ist, den Weinbrand oder Cognac in dünnem Strahl einlaufen lassen. • Den Likör in kleine Karaffen füllen und im Kühlschrank aufbewahren. Er ist sofort servierfähig.

Serviervorschlag: Den Likör pur zum Kaffee reichen. Man kann damit auch Eis, Cremespeisen oder Obstdesserts verfeinern.

Kaffeelikör

75 g geröstete Kaffeebohnen · 200 g brauner Kandiszucker · ½ Vanilleschote · ½ Teel. Kardamomkörner · 1 Flasche (0,7 l) sehr guter Kornbranntwein

- Reifezeit: 3 Monate
- Haltbarkeit: 6 Monate

So wird's gemacht: Die Kaffeebohnen und den Kandiszucker in einen Gefrierbeutel geben und mit dem Hammer grob zerschlagen. Die Vanilleschote aufschlitzen und mit den Kardamomkörnern in eine bauchige Flasche füllen. Mit dem Kornbranntwein aufgießen. • Die Flasche gut verschließen. Den Likör an einem warmen Platz, jedoch nicht in der prallen Sonne 3 Monate reifen lassen. • Durch ein mit einem Mulltuch ausgekleidetes Sieb abseihen und in beliebige Flaschen oder Karaffen füllen.

Serviervorschlag: Der Likör schmeckt am besten zu einer Tasse Kaffee. Man kann ihn auch vorsichtig über etwas Eierlikör gießen und beides zusammen genießen.

Veilchenlikör

Für diesen Likör braucht man stark duftende Blüten, die nur selten zu haben sind. Man kann sie selber in einem Balkonkasten oder im Garten ziehen. Gelegentlich werden sie auch im Mai und Juni auf dem Wochenmarkt angeboten.

200 g Blüten von möglichst frisch gepflückten Veilchen · ¼ l Wasser · 150 g Zucker · ½ l Cognac oder Weinbrand · 8 cl (4 Schnapsgläser) Alkohol (96 Vol.-%)

Reifezeit: 4 Wochen
Haltbarkeit: 4 Monate

So wird's gemacht: Die Veilchenblüten ungewaschen in eine hohe, nicht zu weite Schüssel geben. Das Wasser zum Kochen bringen und über die Blüten gießen. Zugedeckt über Nacht ziehen lassen. • Das Veilchenwasser durch ein Haarsieb abgießen, mit dem Zucker vermischen und unter Rühren erhitzen, bis der Zucker sich ganz aufgelöst hat. Das Wasser abkühlen lassen und mit Cognac und Alkohol vermischen. • Den Likör in vorbereitete Flaschen füllen, gut verschließen und 4 Wochen an einem kühlen dunklen Platz, jedoch nicht im Kühlschrank reifen lassen.

Serviervorschlag: Um sein volles Aroma zu genießen, sollte man den Likör pur trinken. Er eignet sich aber auch zum Mixen mit trockenem Sekt. Sehr gut schmecken Obstsalate, die man mit etwas Veilchenlikör beträufelt.

GU Küchen-Ratgeber

Alles, was gut schmeckt! Tolle Rezepte von gestern und heute. Die beliebten Küchen-Ratgeber – zum Sammeln wie geschaffen. Jeder Band mit 56–72 Seiten, 10–25 Farbfotos, vielen Zeichnungen, Paperback.

Wählen Sie aus:

- Köstliche Aufläufe
- Backen nach Großmutters Art
- Selber Brot backen
- Köstliche Ei-Gerichte
- Selber einmachen
- Köstliche Eintöpfe aus aller Welt
- Köstliche Fisch-Gerichte
- Reizvolle Fleisch-Rezepte
- Reizvolle Fondue-Rezepte
- Köstliche Geflügel-Gerichte
- So schmeckt's vom Holzkohlengrill
- Reizvolle Rezepte mit Käse
- Reizvolle Kartoffel-Gerichte
- Kochen mit Knoblauch
- Küchenkräuter selbst gezogen
- Köstliche Lamm-Spezialitäten
- Mixgetränke – mit und ohne Alkohol
- Nudel-Variationen
- Pizza, Calzone und Focaccia
- Plätzchen selbst gebacken
- Köstlichkeiten mit Quark und Joghurt
- Raffiniert würzen – leicht gemacht
- Reizvolle Rezepte für 1 Person
- Bunte Salate mit Variationen
- Köstliche Saucen selbst gemacht
- Gutes aus dem Schnellkochtopf
- Toast raffiniert
- Kochen mit Tomaten
- Vollkorn-Rezepte
- Wildgerichte – leicht gemacht
- Köstliches aus dem Wok
- Kochen mit Zwiebeln
- Chinesisch kochen – leicht gemacht
- Echt französisch kochen
- Echt griechisch kochen
- Indonesisch kochen – leicht gemacht
- Echt italienisch kochen
- Echt provenzalisch kochen

GU Gräfe und Unzer

Rezept- und Sachregister

Kursiv gesetzte Seitenzahlen verweisen auf Farbbilder.

Für »Holunderelixier« benötigt man nicht nur die Blüten, sondern auch die Beeren des Holunders. Das feine Aroma der Blüten und der volle Geschmack der reifen Beeren harmonisieren besonders gut mit Weinbrand oder Cognac. Rezept Seite 32. ▷